论文集

谭云山现象与21世纪中印文化交流
—— 中印文化艺术界高层论坛会议论文集

牛根富 主编

文化艺术出版社
Culture and Art Publishing House

图书在版编目（CIP）数据

谭云山现象与 21 世纪中印文化交流：中印文化艺术界高层论坛会议论文集／牛根富主编. —北京：文化艺术出版社，2012.11

ISBN 978-7-5039-5493-1

Ⅰ.①谭… Ⅱ.①牛… Ⅲ.①中印关系—文化交流—21 世纪—文集 Ⅳ.G125-53 ②G135.15-53

中国版本图书馆 CIP 数据核字（2012）第 260446 号

谭云山现象与 21 世纪中印文化交流
——中印文化艺术界高层论坛会议论文集

主　　编	牛根富
责任编辑	张爱玲
装帧设计	姚雪媛
出版发行	文化艺术出版社
地　　址	北京市东城区东四八条 52 号　100700
网　　址	www.whyscbs.com
电子邮箱	whysbooks@263.net
电　　话	（010）84057666（总编室）84057667（办公室）
	（010）84057691—84057699（发行部）
传　　真	（010）84057660（总编室）84057670（办公室）
	（010）84057690（发行部）
经　　销	新华书店
印　　刷	国英印务有限公司
版　　次	2015 年 1 月第 1 版
	2015 年 1 月第 1 次印刷
开　　本	700 毫米×1000 毫米　1/16
印　　张	13
字　　数	150 千字
书　　号	ISBN 978-7-5039-5493-1
定　　价	28.00 元

版权所有，侵权必究。印装错误，随时调换。

写在前面

在文化部外联局的亲切关怀下，我院于2011年7月11日在京成功召开了"谭云山现象与21世纪中印文化交流——中印文化艺术界高层论坛"。会后，我处就此议题向与会专家及相关学者征集论文，并编辑、整理了会议论文集。由于论文集涉及国际关系等相关学术问题，特邀请北京大学南亚研究中心主任姜景奎教授担任特约编审，对论文集进行审读，我处根据专家意见会同文化艺术出版社对文稿进行了编辑和修订。因此需要指出的是，所收文章根据需要均作了不同程度的修改，在此向各位学者致歉！

最后，再次感谢各位领导、专家，及文化艺术出版社的编辑老师们为本论文集的出版所做的努力！

中国艺术研究院科研处

目 录

"谭云山现象与21世纪中印文化交流——中印文化
艺术界高层论坛"在京隆重召开 ………………………………… 1

第一辑 关于谭云山

"现代玄奘"谭云山 ………………………………… 毛世昌 3
我对父亲谭云山的回忆与认识 ……………………… 谭 中 7
谭云山父子与印度现代汉学 ………………………… 郁龙余 27
谭云山的大同思想与湖南大同学校 ………… 胡阳、段维彤、伍英 56
在理想与实干之间行走
　　——泰戈尔、谭云山与中国学院 ………………… 毛小雨 63
谭云山先生与他的《印度周游记》 ………………… 王邦维 69
文明、中国学院与我的神：罗宾德拉纳
　　特·泰戈尔与谭云山 ………………… ［印度］拉杰特·坎塔·雷伊 73
谭云山与罗宾德拉纳特·泰戈尔之间
　　的互动：印中文化共生之旅 ………………… ［印度］邵葆丽 82
谭云山教授：印中文化关系中的菩萨 …… ［印度］洛克什·钱德拉 89
谭云山与印中文明对话 ………………………… ［印度］狄伯杰 94

发掘谭云山教授的文化遗产……………[印度]尼玛拉·沙尔马　103

一位学者眼中的谭云山教授……………　[印度]莎士·芭拉　107

第二辑　中印文化交流

中印文化交流刍议………………………………………姜景奎　117

苦与空
　——印度佛教哲学对中国文学与艺术的影响…………王　镛　126

孙行者与哈奴曼：从《西游记》杂剧看
　印度文化对中国的影响…………………………………毛小雨　130

跨文明相遇：从印度电影到中国电影……………………丁亚平　147

我的"印度情结"
　——为"谭云山现象与21世纪中印文化
　　交流——中印文化艺术界高层论坛"而作…………欧建平　155

印度宝莱坞电影及其对"中国大片"的启示……………张慧瑜　164

印度音乐舞蹈在中国的传播和影响………………………陈自明　180

谭云山年表…………………………………………………………190

"谭云山现象与21世纪中印文化交流——中印文化艺术界高层论坛"在京隆重召开

2011年7月11日，由文化部主办，中国艺术研究院承办的"谭云山现象与21世纪中印文化交流——中印文化艺术界高层论坛"在京隆重召开。来自文化部外联局、印度驻华使馆等政府机构的官员和北京大学、印度国际大学等中印两国知名高校、研究机构的专家、学者，以及在京媒体代表共50余人参加了本次会议。

中国与印度是有着悠久历史的文明古国，又是山水相连的友好邻邦，两国人民在长期的交往中结下了深厚的友谊，为人类文明的发展做出了重要贡献。中印建交六十多年来，在双方的共同努力下，两国关系不断向前发展。进入新世纪以来，双方建立了面向和平与繁荣的战略合作伙伴关系，将两国关系推向了新的发展阶段。2011年是"中印交流年"，双方以此为契机，积极扩大各领域的交流合作，推动双边关系再上新台阶。

有着"现代玄奘"之称的谭云山先生作为杰出的中印友好使者，为构筑中印文化桥梁、传播中印文化付出了毕生的精力。本次论坛是中印两国文化艺术界的一次盛会，它旨在通过研讨"谭云山现象"

的历史意义，展望21世纪中印文化交流的前景。

中华人民共和国文化部外联局副局长李鸿女士为论坛开幕致辞，她代表文化部向本次论坛表示衷心的祝贺，并向出席论坛的各位专家学者表示欢迎。印度驻华使馆官员拉杰夫·幸哈出席了开幕式。论坛开幕式由中国艺术研究院副院长王能宪主持。

研讨会上，来自中印两国文化艺术界的专家学者围绕"谭云山现象"进行了热烈的讨论，以谭云山先生的文化贡献为支点，从各自不同的研究领域讨论了中印文化交流的诸多问题，话题从电影、戏剧，辐射到中国传统文学和文化，乃至印度佛教哲学等问题。与会学者在各学术领域进行了深入的研讨，达成了广泛的共识，纷纷表达了进一步交流探讨的愿望。

北京大学印度研究中心主任王邦维先生梳理了半个世纪以来中印文化交流的三个阶段，深入阐释了中印交流"一个世纪的经验"和"今天的作为"，并主张重新认识谭云山先生的历史价值。印度文化国际学院教授洛克什·钱德拉先生以"印中文化关系中的菩萨"为题，详细介绍了谭云山先生贡献毕生精力追求理想，为中印文化交流做出巨大贡献的感人事迹，并给予了高度评价。北京大学南亚学系主任姜景奎先生以谭云山的历史遗产为话题，分析了中印两国之间文明对话的重要意义。印度国际大学校长拉杰特·坎塔·雷伊先生以泰戈尔与谭云山的历史性会面和他们共同创建中国学院的人生经历为线索，讨论了两位伟人对中印文化交流做出的巨大贡献。中国艺术研究院电影电视艺术研究所所长丁亚平先生则以长期以来中国观众对印度电影的关注和喜爱为话题，谈及了当代印度电影独一无二的影像形式，以及它在当下和未来对中印文化之间持久联系的重要意义。

印度文化国际学院教授莎士·芭拉女士以一位学者的眼光追忆

了谭云山的历史形象。北京外国语大学南亚研究中心主任郁龙余先生从文学创作者的角度介绍了电影剧本《谭云山》的创作情况和用多种手段全方位宣传谭云山生平事迹的构想。对于两国学者共同关心的话题，比如如何进一步发掘和保护谭云山先生的精神遗产，双方专家达成了高度共识。印度文化国际学院教授尼玛拉·沙尔马女士主张深入阐释谭云山先生的美学思想及其为印度文学和艺术留下的文化遗产，而兰州大学外国语学院副教授毛世昌先生则呼吁大力研究和宣传谭云山、谭中父子，传承他们的精神财富。

综观整个论坛，两国专家都注重从比较文化的视角阐释"谭云山现象"所引出的艺术话题。尼赫鲁大学中文系主任邵葆丽女士重点阐释了泰戈尔与谭云山的"中印文化共生之旅"；中国艺术研究院美术研究所原副所长王镛先生则以"苦与空"为题，讨论了印度佛教哲学对中国文学与艺术的影响。尼赫鲁大学中文系教授狄伯杰先生提出了关于谭云山与中印文明对话的意见和建议。中国艺术研究院舞蹈研究所副所长欧建平先生畅谈了他与卡皮拉·瓦茨雅岩、萨尤·多希以及基比尔·辛格等印度舞蹈、音乐大师的交往，讲述了自己在舞蹈艺术研究领域的"印度情结"。中国艺术研究院戏曲研究所研究员毛小雨先生以图文并茂的形式谈论了他对印度的认识，阐述了中印两国人民共同的历史情感。最后，作为谭云山的亲属代表出席本次论坛的天津商业大学商学院副教授胡阳先生以"谭云山的大同思想与湖南大同学校"为题，介绍了谭云山的夫人陈乃蔚帮助谭云山在湖南长沙建立大同学校的情况。

研讨会在友好和热烈的气氛中结束。新华社、《人民日报》、中央电视台、《光明日报》、中国国际广播电台、《中国文化报》等在京媒体对本次论坛进行了报道。

开幕式合影 图片来源：中国艺术研究院科研

第一辑

关于谭云山

"现代玄奘"谭云山

毛世昌　兰州大学外国语学院副教授

中印建交60周年之际,有一个人难以忘却,他就是被誉为"现代玄奘"的谭云山。

创办中国学院

谭云山1898年出生在湖南省茶陵县,毕业于湖南长沙师范学校,和毛泽东是同学,也是新民学会会员。1927年7月,他在新加坡遇见印度诗哲泰戈尔,两人一见如故,相谈甚欢。泰戈尔诚挚邀请谭云山到印度工作。次年谭云山辞去在新加坡的教职,告别新婚妻子,抱着"白马投荒步昔贤"的宏伟志愿,只身来到印度的圣地尼克坦,被国际大学聘为中文教授,并负责开展中国研究的项目。

谭云山游历印度各地,于1933年出版《印度周游记》,1935年又出版《印度丛谈》,还在报上发表文章,多方位介绍印度各方面的情况,帮助中国人民更多地了解印度。在印度国际大学任教期间,谭云山在《东方杂志》上撰写了大量关于印度文化、民族运动的文章,受到印度朋友的赞赏。

谭云山提出在中印两国分别建立文化协会以主持两国文化交流的建议，泰戈尔对该建议赞不绝口。经过努力，中印两国文化协会分别在上海和圣地尼克坦宣告成立。

泰戈尔提议在印度国际大学设立中国学院，作为交流中印文化、传播中国文化的固定基地，并将这一重任交给谭云山去完成。谭云山不负重托，往返于中印两国，经过精心筹办，印度国际大学中国学院于1937年4月14日正式成立。谭云山受命任首任院长。印度首任总理尼赫鲁派女儿英迪拉前往参加成立典礼并致贺词，称赞中国学院的成立"把中国和印度紧密地联系起来"。

谭云山领导中国学院秉承"研究中印学术，沟通中印文化，融洽中印感情，联合中印民族，创造人类和平，促进世界大同"的办学宗旨，数十年致力于教学和学术研究，成为中印学者研究对方国家语言、文学、历史、宗教、哲学诸学科的摇篮。东南亚及欧美国家的许多青年学者慕名前往学院深造、进修或研究。

声援抗日战争

1937年卢沟桥事变爆发后，抗日烽火燃遍中华大地。谭云山身在异乡，心忧祖国，充分利用他和印度上层领导人和社会名流的私人关系，广泛寻求印度人民道义上的支持，谴责日本军国主义的法西斯暴行。

1938年谭云山回国之前，印度国大党主席S.鲍斯、印度独立运动领袖尼赫鲁写信给谭云山，要他把印度国大党和印度人民全力支持中国抗战的信息转告中国人民。泰戈尔热情赞扬中国人民浴血抗战的精神，愤怒鞭挞日本军国主义的罪恶行径。

谭云山回国后，在武昌述职并向有关方面转交了泰戈尔的信，报告了印度各界支持中国抗战的情形。同年印度以国大党的名义向中国派遣了5位印度大夫：爱德华、卓克华、柯棣华、巴苏华、莫克华。这5个人的中文名字都是谭云山给取的，每个人的名字中都有一个"华"字，使他们与中国关系更加密切。

时刻望着祖国

1956年9月，谭云山被全国政协聘为特邀委员，回国观光，见到了毛泽东、刘少奇、李维汉、徐特立、萧三等湖南故旧。周恩来总理征求了谭云山对增进中印友谊的意见。

谭云山一直保存着中华人民共和国护照，也一直保持着湖南农村文化的许多气息，不穿西装，不打领带，把中国传统服饰稍加修改，变成了特有的谭氏服装。他在圣地尼克坦有栋两层楼房，房子后面朝北，在房外顶端题"望中楼"三字。他在印度几十年，已经融会到印度文明中去了，他爱印度，把印度作为自己的第二故乡，他更爱中国，时时刻刻都在望着中国。

谭云山1967年从印度国际大学中国学院退休，享有终身名誉教授的殊荣。1979年又被该校授予最高荣誉——文学博士。1983年2月12日在印度菩提迦耶住所病逝，享年85岁。他在印度生活了50年，给中印两国都留下了极其宝贵的文化遗产。许多印度人热心学习研究中国文化，在印度兴起的中国学以及目前在印度掀起的汉语热，都和谭云山的名字紧密联系在一起。

谭云山是一位杰出的中印友好使者，为构筑中印文化桥梁、传播中印文化付出了毕生精力。他用自己的激情和智慧照亮了中印友好的前路，他是中印友好大厦的一座丰碑。1956年，周恩来总理访问印度时，特地参观了国际大学中国学院，高度称赞他"为促进中印文化交流所作出的不懈努力"。印度前总理英迪拉·甘地也赞美他"是一位伟大的学者，一位真正有文化素养的人"，"为印中两国文明更好地交流做出了巨大贡献"。更可喜的是，他的儿子谭中在父亲开辟的道路上继续前进。

我对父亲谭云山的回忆与认识

谭中　芝加哥大学东亚研究中心访问学者、印度中国研究所终身研究员

感谢中国文化部的关怀、中国艺术研究院在北京举行这次"谭云山现象与21世纪中印文化交流——中印文化艺术界高层论坛"。我由于不能跨越大洋来参加，只能书面表示感激，并且写点感想，提供与会学者参考。

谭云山对"新世纪"能有时宜性吗？

我想，这次论坛是要探讨"谭云山现象"对21世纪中印文化交流的时宜性，我不知道在这一点上是否能有所收获。总的来说，谭云山是个20世纪的人，这20世纪又可以分成许多时代。从80年代至今，可以说是一个崭新的时代。我是1954年离开祖国的，1980年第一次回国看看，已经有点不认识了。过去三十多年，我回国二十次左右，个人研究转移到古代中印文化交流的课题上去，我的思想也越来越和父亲生前的思想靠拢。我回想起父亲把自己生活在印度称为"白马投荒"（是把玄奘的事例作典故），国内也有人说"谭云山是现代玄

类"，这一切都好像是考古发掘出来的，有些陈年八股的霉气，在这种情况下，许多现代人只会把"谭云山现象"当做古董赏玩而已。

我一直对新时代进行观察，特别注意到十年来我的良师益友、已故中国国学大师兼印度学大师季羡林先生提出"三十年河东、三十年河西"以后在中国引起的争论，使我对时代的变化感触良多，也不知道是自己主观的原因还是客观现实的原因。我看到东方古老文明的智慧差不多都被现代人扬弃，特别在神州大地上如此。其实也不是人们自己愿意扬弃，而是被一股西方所谓"现代"文化秋风扫落叶，是西方的物质文明、功利主义、"向钱看"的市侩气息等渗透了人际关系与社会旋律而使得东方的一些仁爱的、人道的、谦虚的、诚信的传统消逝了。

季羡林提出"三十年河东、三十年河西"，认为当今不可一世的西方文明统治不会永远继续，认为西方文明的腐朽性已经暴露无遗，在不久的将来就会被东方文艺复兴的新风尚所扬弃，这是乐观进取的，却遭到来自两个不同方面的强烈反对。一些人拼命为西方文明保驾护航（他们要是能有同样的热情为已经被秋风扫成落叶的东方文明保驾护航就好了），认为西方文明没有过时，也永远不会过时。另外一些人，甚至包括"汉学家"，他们也反对季羡林的看法，认为应该东西合璧。其实这两种人都不理解季羡林的初衷，他是想要扭转"崇洋媚外"（包括用西方学术皮毛包装"汉学"与"新儒学"）的颓风，发扬东方文明的固有智慧。我认为季羡林的思路正是反映了印度大文豪泰戈尔的看法。泰戈尔1924年在中国讲演时说：

> 在过去，东方和西方的文明曾经欣欣向荣，因为能够始终不渝地满足人们所需要的精神食粮……这些伟大文明终于被我们现代的那些超前的小学生们碾死了。这些小学生们都是些自

作聪明的、吹毛求疵的自我崇拜者，利润和权力市场上老奸巨猾的精于生意经的人……他们大概是用金钱收买灵魂，把灵魂的汁吸干再丢到垃圾箱去。他们最终受到情欲的自杀性力量驱使，放火烧起邻居的房屋，自己也掉进火海之中。①

泰戈尔在1921年发表的文章《文化的联合》中还有一段话：

被科学撑到一起的人们怎么散开呢？如果人们聚拢是真的志同道合那就万事大吉，不然的话就会发生冲突。这一宇宙冲突的时代已经来到，使人们联合的外表力量被抛到后面了。就像一个火车头领着火车飞跑，司机却在车的后面焦急地挥舞着手，旁边站着看热闹的人群欢呼着，赞赏这飞快的速度有点发呆了，叫喊着："这真是进步"。我们这些习惯于步行的东方人处在冲突的正前方怎么能承受得了呢？②

上面这段话中，泰戈尔用"科学"代表西方文明，也把"文明"描写为"人们真的志同道合的聚拢"，但他认为西方文明不能做到这点，而是带给人类一个"宇宙冲突的时代"。泰戈尔富有诗意地把这一时代的特点形容为"火车头领着火车飞跑，司机却在车的后面"，他也带着讽刺地形容那些对西方文化毒素识别力差的人们好像一群发着呆、叫喊着"进步"的看热闹的人群。这段话的中心思想是东方文化传统经不起这种折腾。泰戈尔的看法也是谭云山的看法，我想这就是季羡林提出的"三十年河东、三十年河西"的焦点。

现在再回到"谭云山现象"对21世纪中印文化交流的时宜性话题上来。我想，如果21世纪新时代是像把司机抛在车后那样的飞跑的火车，谭云山绝对不会站在看热闹的人群中叫好的。那样的话，谭云山的时宜性是研讨不出来的，不如让他在历史古迹中安睡。可是，如果21世纪中印文化交流是由像泰戈尔那样的司机驾驶的火车，那谭云山肯定会在车上跟着时代前进。我的这个结论是建筑在一个假设之上。如果21世纪新时代没有别的，只有物质文明高速发展、摩天大楼如雨后春笋、五星级消费变成时尚，那"谭云山现象"就无立锥之地了。如果人们感觉到在这个新时代物质文明太超前了，精神文明太落后了；如果他们觉得有必要回顾过去两千年中国和印度这两大文明交往融合以及现在有必要把那种交往融合恢复起来、推陈出新，那"谭云山现象"就有时宜性了。

"打赤脚的庄稼汉"精神

1983年2月，我和弟妹、妻儿在印度菩提场（Bodhgaya）中华佛寺把父亲谭云山的遗体火化那天，正值我的学生兼友好、印度国会人民院议员帕拉绍（N.C. Parashar）陪同印度总统辛格（Giani Zail Singh）到菩提场观光、视察，整个旅游胜地洋溢着欢乐与热闹，独有我们在中华佛寺的丧事中感到孤单与凄凉。事后帕拉绍对父亲去世传媒没有及时报道感到遗憾。他说我当时应该给他捎个信，印度总统知道了会向传媒发出吊唁的。我想，父亲信佛，他能在佛教圣地圆寂是他的幸福，也圆满结束了他的一生。再有，印度总理英迪拉·甘地夫人于父亲过世10天后写信给我致哀，我还没收到信，印度全国各报就刊载了甘地夫人说谭云山是"伟大的学者"、"崇高的文化人"、"泰戈尔师尊和我父亲（尼赫鲁）都敬爱他。他和圣地尼克坦心连心，对增进印度和中国两大文明之间的了解作了巨大贡献"的话，这也等于父亲是在印度全国的哀悼声中离开他心爱的国度。

1971年，从大学正式退休了好几年的父亲已是古稀老人，但他相信能活到"上寿"120岁，又开始筹备在佛陀成道的菩提场建立"世界佛学苑"。1980年母亲陈乃蔚过世以后，父亲的处境与清朝陆苍培《咏怀》诗名句"云山万里别，天地一身孤"的描写巧合。父亲已经没有精力把尚未竣工的"世界佛学苑"建筑继续下去，而他那来回于圣地尼克坦（国际大学所在地，也是他从1928年到印度后唯一的归宿处）与菩提场的生活旋律又改变不了。我和内人黄绮淑试图把他接到德里同住。他住了一个月左右就待不住了，半夜吵着要去菩提场。我们和妹妹谭文及谭元夫妇商计，印度妹夫罗摩说："你们没有违反父亲意愿的权利。"我只好送他去住到菩提场中华佛寺，不久也就过世了。起初我有点内疚，但也意识到事物都有其自然规律，有些事勉强是办不到的，对父亲长辈尤其如此。

我们论坛要探讨的谭云山其实是一个十分平凡的人。他出生于湖南茶陵偏僻落后的农村，后来考进长沙第一师范学校，毕业后又到船山书院进修两年，这就是他的学历。他没有到西方有名的大学镀金，毕生像头"湖南牛"，蛮干、苦干。他生活俭朴，不爱抛头露面，却执着地追求人生的理想。他的人生理想也不断发展丰富，最终融入泰戈尔的伟大愿景而向往"中印大同"。正是因为这样，他死后才被印度总理赞誉为"伟大的学者"，他一直受到印度伟大诗人泰戈尔与印度开国总理尼赫鲁"敬爱"的事实才被历史肯定下来。

甘地总理称赞他是"崇高的文化人"，并且"对增进印度和中国两大文明之间的了解作了巨大贡献"，这就证明谭云山到了印度以后兢兢业业地充当中华文明的使者，尽了自己的努力帮助印度友人对中国文明建立起基本的认识。我认为探讨谭云山的最最重要的环节就是审视他在中印交流中如何充当一名中华文明的使者，然而针对我们时代的背景来探讨这一命题似乎有点复杂。

为了把复杂的问题变得简单，我想拿林语堂的例子来作比较。

听说冯友兰初到美国，美国人一听他是学哲学的马上就问他读过林语堂的著作没有，弄得冯友兰啼笑皆非。林语堂也算是中华文明的使者，而且名噪一时，有人开玩笑说，他在美国"sell My country and My People"（出卖/推销《吾国与吾民》）。泰戈尔也读过林语堂这本书，他和谭云山的一段对话记录在巴宙（谭云山最早的学生之一）的回忆文章中，我把它抄录于下：

一日泰（戈尔）翁示彼（谭云山）以林语堂之《吾国与吾民》一书并征询其意见，且谓："这是一本颇有兴趣的书，或许你对它不十分高兴。"谭先生回答说："我也爱好此书，但它未能诠释吾国吾民的全部及真实的各方面。"后来泰翁补充说："这就是我说或许你对它不十分高兴的理由，我应说你或许对它不很欣赏。"在上列的对话中可见他们两人对中国了解的程度。③

巴宙是我的师兄，我完全赞同他举出这个例子来突出父亲谭云山的性格。从上面的历史片断看出，甚至泰戈尔（当然还有许多其他人）都并不欣赏林语堂式的投人所好，甚至有点洋奴气息的中华文明使者。从来不讲别人坏话的谭云山也不得不在泰戈尔面前和林语堂划清界限，他是维护中华文明的尊严与真实才不得不这样做的。

从这件事中也看出，宣扬中华文明有两条路线，做人也有两种做法。宣扬中华文明的两条路线：一是从事实出发、从真理出发，认真把中华文明的精髓总结出来，介绍给外国朋友，这样做能对得起自己作为一个炎黄子孙的良心；二是别人爱听什么，你就说什么，把中华文明包装成在国外市场上容易推销的商品（《吾国与吾民》就是典型的例子，当前中国小说与电影也不乏这种例子）——说得不好听，这是出卖祖宗的勾当。谭云山平生最看不起这样的行为。

谭云山的为人也是和上述的这种行为背道而驰的。如果和林语堂相比，谭云山是个土包子，没有林语堂那种金玉其外的洋包装，我们可以把谭云山的"土"形容为"打赤脚的庄稼汉"，和他相反的那种"洋"典型则可以形容为"踩高跷的表演家"。据我回国所看到与听到的，现在中国学术界似乎也是后者吃香，前者无法出人头地；似乎在这种学术空气中，后者越来越多，前者越来越少。谭云山活到耄耋之年也没掌握"牛津英语"，也没改掉湖南口音。但湖南是国学根基很深的地区，谭云山从小发愤读书，不但对经史子集都爱好，还背过四书五经和某些佛经。他到印度后又苦练英文（不然无法与印度知识界交流），还学过梵文。谭云山可谓"自学成才"，同时也靠"教学相长"。谭云山一到圣地尼克坦就和1924年陪同泰戈尔访华的国际大学的克蒂摩亨·沈 Kshitimohan Sen 教授（现在国际知名的哈佛大学阿莫尔多·沈 Amartya Sen 教授的祖父）成为双重师生——谭云山教他中文，向他学梵文。

谭云山那"湖南牛"蛮干的精神有例为证。1936年4月13日，谭云山和学生魏风江到泰戈尔加尔各答的住所去拜会诗圣，魏风江看见桌子上有一封刚从中国寄来的"中印学会"会长蔡元培写给泰戈尔的英文信，信中说："我对谭云山教授为建立中国学院而筹集基金的富有勇气的努力将尽我所能尽的微薄力量。不过，中国当前的财务十分拮据，谭教授如果没有那股热忱可能早就泄气了。"[④] 关于父亲那"湖南牛"从不泄气的精神，我深有体会。在中印之间办事，起初是成败未卜，坚持下来以后，有了90%的希望还不能掉以轻心，永不泄气才是成功的秘诀。谭云山并不是什么超人，却有那么一股"蛮劲"（这是湖南俗话，意思是毅力坚强），因此他这个"打赤脚的庄稼汉"也能干出一番事业来。中国以农业立国，中华文明的光辉灿烂其实都是"打赤脚的庄稼汉"（不是"踩高跷的表演家"）创造的。

谭云山"在中印之间"

父亲在世时经常说,他还有一项重要的事情要做,那就是写出一本《我在中印之间》的书。我们做后辈的对他的这一想法非常赞成。正像印度的甘地总理所说,谭云山"对增进印度和中国两大文明之间的了解"是有贡献的,他在中印两国之间活动的经验是丰富的,应该写出来,填补历史空白。可惜的是,他没退休时一直担任印度国际大学中国学院院长,不但公务缠身,应酬也多,抽不出时间来动笔。他退休后,我陪他去菩提场参加一次泰国庙举办的国际会议,他提出了在菩提场的中华佛寺兴建"世界佛学苑"的建议,是我帮他在会上宣扬,取得到会的国际人士支持的。后来,我看到父亲晚年为筹建"世界佛学苑"的琐事辛苦操劳就觉得后悔了,但那时再劝他退回书房写书已经来不及了。更后悔的是:我们过去不与时俱进地走进信息时代。录音设备早已在社会风行,我们却没安装它。父亲很健谈,特别是晚饭后全家聚集在晾台乘凉时,他总喜欢讲过去的故事,如果统统录下来也会是很好的史料。总而言之,"谭云山在中印之间",这是中印两大文明交往史册上应该有的一个篇章,可惜被父亲带走而没有留在人间。我认为如果能趁我们这些后人还在的时段内,把这个篇章从历史的记忆中发掘出来,那便是最有意义的。

1998年10月,季羡林在北京庆祝谭云山诞辰百年纪念会上致开幕词说:"谭云山是中印之间的金桥。"我觉得这话有点过誉。再有,中印两大文明、两个文明大国之间需要架起的桥梁千千万万都是不够的,如果谭云山是独木桥也无济于事。人们把谭云山和"桥梁"联系起来,是因为他参加到泰戈尔提倡的把中印两大文明过去的亲密往来恢复起来的伟大事业中去。1934年4月18日,泰戈尔写信给"中印学会"的中国发起者说:"印度与中国曾经非常靠近,曾经为了共同的对爱心与超脱世俗的崇仰而手牵手、心连心。"⑤泰戈尔1924年在中国说："我是来要求你们把（中印之间的）通衢大道打开的，我希望那衢道仍然存在，因为虽然荆棘丛生，却仍能找到它的痕迹。"⑥谭云山当然不是独木桥，他只是个建桥师，他在许多朋友的帮助下建立了像"中印学会"与"中国学院"这样的桥梁。

谭云山是个生活在不平凡的时代的平凡的人，这一时代背景也决定了他的一生既平凡又不平凡。有三大关键使谭云山在中印之间的作用变得突出。第一，他小时候和毛主席在长沙第一师范学校同学，也是跟在"师兄"毛泽东后面的众多男女青年"粉丝"之一。这一重关系使谭云山在50年代中印两国之间变成了一座桥梁。1949年中华人民共和国成立，1950年谭云山写信给毛主席，恢复了青年时的旧交。谭云山于1956年与1959年两次被邀请回国观光，有幸结识周恩来总理，并两度和他长谈。在第一次(1956)谈话中，周总理采纳了谭云山的建议，于1957年专访圣地尼克坦，接受国际大学荣誉学位。周总理和贺龙副总理一行访问了中国学院，我也有幸在国外见到了中国重要领导人。

第二，是泰戈尔于1927年在新加坡亲自请谭云山去印度孟加拉邦的圣地尼克坦（和平乡）教书的。泰戈尔一开始就称呼谭云山为"Professor"（教授），全校园的人以后几十年都这样称呼谭云山。当时圣地尼克坦学校（国际大学）的规模很小，所有的教员都是去奉献而不拿工资，泰戈尔以自家人对待他们。谭云山经常到"师尊"泰戈尔家做客，总是受到泰戈尔家热烈欢迎。泰戈尔家又总是很热闹的，印度和国际客人川流不息。印度开国总理尼赫鲁（当时还只是民间的政治活动家）对泰戈尔特别崇拜，把自己的独生女英迪拉（后来当上印度总理）送到泰戈尔的学校当寄宿生，经常去圣地尼克坦的国际大学探望女儿及拜会泰戈尔。谭云山和尼赫鲁在泰戈尔家见面的次数很多，逐渐成为朋友。

我在新德里时，经常到把我当做儿子的印度政府外交部副部长钱达（Anil Kumar Chanda）先生家去。钱达先生说，有一次父亲带尼赫鲁和他三人在加尔各答的中国餐馆吃了一顿最可口的午餐，他始终保留着那次午餐的菜单。从这件小事中可以看出谭云山和尼赫鲁是交往很深的。尼赫鲁当了总理以后不忘旧情，这就是前面引的甘地总理描写的"泰戈尔师尊和我父亲（尼赫鲁）都敬爱谭云山"的背景。

1941年泰戈尔过世以后，尼赫鲁答应了谭云山的要求，成为"中印学会"的名誉主席，还于1945年亲自到中国学院主持过一次"中印学会"的年会，他在年会上发表的讲演现在已变成中印友好的经典文献。1951年国际大学变成国立大学以后，尼赫鲁就担任大学的名誉校长，每年都到大学去主持年会及毕业典礼。他作为日理万机的总理去圣地尼克坦，最多也只能停留两天，就在这两天中，他一定会单独到中国学院谭云山的书房去和他叙旧。

第三，1933年，谭云山在上海与南京组建"中印学会"，通过太虚法师而结识当时的国民政府考试院长戴季陶。戴季陶后来于1940年访问印度，谭云山陪同他到各地参观并拜会泰戈尔、"圣雄"甘地、尼赫鲁及其他后来都变成要人的社会活动家。由于和戴季陶熟识，"中印学会"得到国民政府多名政要的大力支持，先是捐款在印度国际大学校园（即圣地尼克坦）内建立中国学院（1937年成立），后来由当时的国民政府拨款作为中国学院的经费（没花泰戈尔及国际大学一分钱）。

国际主义与热爱祖国相结合

我们再来回味甘地总理说的"泰戈尔师尊和我父亲（尼赫鲁）都敬爱他。他和圣地尼克坦心连心，对增进印度和中国两大文明之间的了解作了巨大贡献"的话，它流露出谭云山和印度之间的深情。印度朋友"敬爱他"是因为他敬爱印度。1939年，谭云山写的英文诗《我爱印度》(*My Love to India*)有这样的话（是我的译文）：

> 那珍贵的文化
> 从最早的远古发芽，
> 却又从来不屑
> 把那无价的记入史册。
> 你那数不尽的儿子、圣贤
> 教人类慈悲、奉献，
> 伴随和平、融洽、
> 仁爱而活着，不伤不杀。
> 世俗的记忆，
> 你却一点也没留下。
> ……
> 可记得你的古老朋友。
> 你的兄弟国家
> 就住那儿。
> 翻越喜马拉雅
> 同样有圣哲、道德，
> 同样理义高尚的生涯。
> 我们这地球
> 既没见过也没听过
> 这么真挚的友情，
> 几千年从不变心。
> 我们决不见面沙场

扬起霸王鞭
争夺对地球垄断。
但我们会面
高尚朋友之间
把精神礼物交换。
……
印度，啊！印度，
当今世界一片混乱，
人们在黑暗中寻找方向。
你的，是权利，也是你朋友的，
快给他们光，
引导他们
朝着正义的方向。
你的，是任务艰难，也是你朋友的，
快使他们平安
驶离那
风暴、惶恐的大洋，
和平安全到达彼岸。
你醒来吧！
快站起来
收拾行装，
手携手，肩并肩，
一同向前。
要倾听
真理的严厉号令，
要挑起

这疯狂不安世界的重担。

我爱你，向你感谢！⑦

正是这种中印两大文明之爱使得中国学者谭云山变成泰戈尔的圣地尼克坦的"本地人"，使谭云山一家在印度扎根。我和内人到了圣地尼克坦以后，只住了三年就从1958年开始到远地教书谋生。但印度大学教员有"回家旅行补贴"，我档案上的"home town"（家乡）就是圣地尼克坦。每次我和妻儿回到那儿，一下火车就会听见车站外许多人喊"谭"，像是一大群人在欢迎我们。其实那是三轮车夫抢生意，他们用孟加拉语大声喊："谭先生家！"这"谭先生"就是圣地尼克坦普通人与加尔各答普通人对谭云山的亲热称呼——是伴随着泰戈尔的知名度而传开的。我们每次去和父母弟妹团聚就有这样亲热的"回到家乡"的感觉。父亲过世以后我也去过圣地尼克坦好几次，那昔日的"谭先生家"的欢迎已无影无踪了。

写到这儿，顺便谈一下父亲被称为"现代玄奘"的问题。玄奘先是"白马投荒"去到印度，后来又"白马驮经"回到祖国。谭云山只有"白马投荒"而没有"白马驮经"，这是一大区别。再有，泰戈尔把他的学校取名"Visva-Bharati"，是把古印度《吠陀经》（Veda）上一句格言"yatra visvam bhavati ekanidam"（全世界在这个鸟巢中相会）压缩而成，换句话说，泰戈尔的"国际大学"是一所理想的"使世界聚会的鸟巢学府"。谭云山是到泰戈尔的"鸟巢学府"栖居得最长久、最出色、最著名的外国鸟。我们再回过头来看"白马投荒"的玄奘，他归国后，唐太宗与唐高宗为他在长安（今西安）建"大雁塔"；随后到印度"取经"的义净也是"白马投荒"，回国后唐武后为他在长安建"小雁塔"。这历史上的"白马"都变成了候鸟。谭云山这投荒的"白马"也变成了鸟，但不是回归的候鸟，而是在泰戈尔的"鸟巢"扎根的鸟。

谭云山在世时，印度政府（特别是甘地总理执政时）曾经想授予他国家莲花奖，后来查看档案发现他不是印度公民（当时国家莲花奖是只授予印度公民的，现在开放了），因此未果。谭云山初到印度是从英殖民地马来亚去的，拿的是殖民政府的证件（他后来经常回国，也有了中国护照）。印度共和国成立后，他自认为是"世界公民"而没有申请入籍，他的身份是"无国籍"（他的旧中国护照失效）。1956年回国观光，中国大使馆发给他中华人民共和国护照，他持此护照一直至死。70年代他到泰国、新加坡和马来西亚去为"世界佛学苑"募款，印度政府特别发给他国际旅行证件。

谭云山在圣地尼克坦主掌国际大学中国学院，也是"中印学会"在中印之间的运作者。1939年尼赫鲁第一次访华是谭云山通过"中印学会"安排的。中国学院成立的那年（1937）正是抗日战争爆发。我们应该记得，泰戈尔对日本一直是最敬佩的（1905年泰戈尔在孟加拉举行营火会，庆祝日本代表亚洲国家战胜欧洲国家俄罗斯），他有很多日本好友，也访问过日本多次。"中印学会"派到国际大学去的第一位中国留学生魏风江于1933年至1938年在那儿学习，亲眼看到泰戈尔在圣地尼克坦搭起彩棚热烈欢迎日本诗人野口米次郎。几年后，野口于1938年写信给泰戈尔为日本侵略辩护，被泰戈尔批评得狗血淋头。50年代我听见父亲亲口说，在抗战初期日本花大力气想拉泰戈尔站到日本那方面去（日本政府向印度派出许多间谍已经是公开的秘密），形势是严峻的。抗战时期谭云山对印度朋友竭力宣传日本侵略的残酷无情与中国人民的受尽苦难，以及中国抗日的英勇奋斗是起了很大作用的。泰戈尔写给野口的第二封回信说："我心里深切地难过，不但因为中国受难的信息绞着我的心，而且因为我从此再也不能骄傲地举出一个伟大日本的典范了。"[⑧]泰戈尔的这一思想转变中有着谭云山的投入。谭云山还利用他和尼赫鲁的私人交情，为稳定支援中国抗战"大后方"的印度政情做了工作。

入乡"进"俗创造中印合璧

俗话说，"入乡问俗"或"入乡随俗"，谭云山既然把印度当做自己的家，就立志不做"老外"。但蛇可以蜕皮，人是不能脱胎换骨的。谭云山一方面极力使自己"印度化"，但不勉强自己抛弃与生俱来的"中国气质"。"印度化"与"中国气质"在他的身心内融合成新的结晶。

从照片上看，谭云山在新加坡和马来亚的时候是着马来装的，到了印度，他设计了一种冬夏两季的（夏天白色、冬天深色）衣服，无论是在印度还是回国都这么穿。我想，他在印度经常和泰戈尔会面并且参加到有泰戈尔及其他名流的集会中去，衣装整齐也是非常必要的。自从1937年开始担任国际大学中国学院院长以后，他每天几乎有十多个小时和师生、同事、朋友与访客在一起，因此养成了衣装整齐的习惯，在家也是如此。他那中印合璧的服装使他在印度与国内都和交往的人们服饰协调，在任何场合都容易把他在"中印之间"辨认出来。

泰戈尔按照印度传统，有早起的习惯。他每天黎明观察自然景象，使他在1921年《真理的召唤》(*The Call for Truth*)的讲演中描写出"当小鸟在黎明醒觉，它并不全神贯注寻找食物，它的翅膀不知疲倦地在天空翱翔，它的喉咙歌唱着新的曙光的欢畅"[9]。这样重要的景象证明人类不是只为衣食生活的动物。谭云山受到泰戈尔的感染，每天黎明都登上中国学院的屋顶观察大自然并锻炼。谭云山锻炼的时候，自我创造出结合中国功夫与印度瑜伽的"太极神功八段锦"。谭云山也模仿"圣雄"甘地，每周有一天保持"沉默"——达到闭门思考的目的。每年"圣雄"忌辰,他就带头清扫中国学院的厕所,纪念"圣雄"与"贱民"同心同德的精神。

当然,谭云山在"中印之间"主要不在于外表,而在于内心。他编了一套《中印箴铭》,亲笔写赠给友人与子女,有下面的64个字:

> 立德立言,救人救世。
> 至刚至大,有守有为。
> 难行能行,难忍能忍。
> 随缘不变,不变随缘。
> 自觉觉他,自利利他。
> 己立立人,己达达人。
> 慈悲喜舍,禅定智慧。
> 格致诚正,修齐治平。

谭云山的《箴铭》标志着他那中印合璧的精神面貌。这个《箴铭》应该和谭云山根据泰戈尔的理想制定的"中印学会"与中国学院的《宗旨》一同来解读。《宗旨》是:

> 研究中印学术,沟通中印文化。
> 融合中印感情,联合中印民族。
> 创造人类和平,促进世界大同。

《箴铭》和《宗旨》是谭云山一生的理想,也是他生命的灵魂。有三点值得我们注意。第一,他有一个"世界大同"的人生观与世界观。在他的世界中人类是一个整体,但他着重的焦点是"中印"。人类既然是不可分割的,"中印"就更是"一而二"与"二而一"的辩证关系。实现"中印大同"是实现"世界大同"的关键与先决条件。

第二,要实现"中印大同",首先要发扬中印文化的精髓。谭云山的《中印箴铭》就是试图提炼两大文明的精华。我认为这是一个尝试,后人可以继续做这个工作。我们仔细察看《箴铭》这64个字的内容,它概括了中印文明精髓,却都是从中国文献中摘录的。换句话说,在中国文献中早已包含了中印文明的精华,可是中国一般学者总是把"国学"与"儒家"等同,把中国知识精英与广大百姓两千年来消化了的佛教(实际上代表印度文明精髓)思想排斥于外。《箴铭》对这种不够全面客观的态度有所纠正。其实,谭云山也不是第一个重视中华文明中包含了印度文明精髓的中国知识分子,从魏晋南北朝开始就有人这样做了,朱熹和王阳明更是把印度文明精髓潜移默化到中国文明基因中的学者大师,是后人只强调他们"儒"的片面,不学习他们治学的"中印大同"精神。我这么一说,是把朱熹和王阳明也划进中印两大文明交融的大业中来了。我觉得这样做一点也不牵强附会,这一点我在其他地方已经有过诠释[⑩],这里就不重复了。

第三,要实现"中印大同",有许多事情要做。许多世纪以来,中印两大文明之间逐渐疏远,因此谭云山要"沟通中印文化、融合中印感情"。从目前来看,这"沟通"与"融合"是最为重要的。探讨这一点,就使我们回到这次"中印文化艺术界高层论坛"的"谭云山现象与21世纪中印文化交流"的主题上来了。目前中国对印度文化艺术的兴趣越来越高,到印度学习、工作以及考察、旅游的中国人也越来越多,这是可喜的现象。中国人去印度、接触印度,自然而然会增进中印之间的"沟通"与"融合",会出现许多热爱印度的新时代的谭云山,将来会有比"谭云山现象"更值得提倡、更值得学习的现象。

谭云山刚到印度也经过一个适应的过程。和中国相比，印度人一般生活朴实，特别是吃的方面和"民以食为天"的中国差距较大。谭云山刚去圣地尼克坦，泰戈尔对他特殊照顾，让他住唯一的"宾馆"，有厨子为他做饭（印度同事，包括年长自身的学者都自己做饭）。"宾馆"的伙食有西餐与印度餐两种，校方安排他吃西餐，他坚决不依，只吃印度餐。印度餐当然没有西餐考究，但仍大大超过同事们的伙食水平。可是，当时的谭云山却觉得太艰苦了。他在1930年写的回忆中说："印度饭菜，说来实在有点生畏……那种颜色和滋味，实在难看又难尝……饭里面沙石，至少也有五分之一。饭盆等，则常常灰尘满封。"但"伙食虽恶劣，我的精神生活却极愉快"。他当时还作诗曰：

　　临餐思往哲，饭后想穷民；
　　有食原足乐，未可云苦辛。[11]

今天从中国去印度的人们，在饮食方面仍会遇到一定困难，但和谭云山当时相比，却有天壤之别。

"谭云山现象"的最大启示是：精神上有了中印"融合"，物质生活上的障碍就自然消除。我觉得这一点最重要。2011年6月10日的《南方人物周刊》有一篇访印报道，标题是"印度：陌生的邻居"。报道还算客观，结论是：印度是个"封建与世俗，理智与传统，人性与神性的杂糅体"，稍稍带点轻视之意。还有一位著名中国学者，长住欧洲的国际观察家更把印度当做"西方模式的困境"的实证。这并不是对印度发展作出深入研究得出的结论，而是通过个别表面的现象去形容"印度品质低下的民主制度"，目的是要加强作者的结论：

迄今为止，中国的国家治理水平要远远好于印度。中国作为一个"文明型国家"的崛起，其伴随而来的影响力，在广度、深度和力度上，都是印度所望尘莫及的。[12]

我认为中国和印度都是从殖民主义压迫下翻身而现在变成了受全球注视的新兴国家，也可以说是同时"崛起"，两国的发展模式虽然各有千秋，却不必彼此竞争对抗。实际上，中国和印度并不是"龙象之争"，倒是有"龙象共舞"的发展趋势。前面引的泰戈尔说的"这一宇宙冲突的时代已经来到"，这是因为我们生活在由西方文明统治的"民族国"世界，一切从"地缘政治范式"出发，邻国必然是竞争对手与潜在敌人。可是中国和印度是当今世界唯一的有悠久文明历史、文明从来没有中断过的现代"文明国"。2010年12月我在新德里亲耳听到温家宝总理的讲演：

中华文明和印度文明曾经交相辉映，深刻影响了人类文明的进程。我坚信，在全球化深入发展的今天，中印两个饱经磨难、自强不息的伟大民族，一定能够焕发勃勃生机，肩负起历史的重托，携手铸就东方文明新的辉煌！

温总理的话道出中印两大"文明国"会共同携手创造新的"地缘文明范式"。正是在这种新潮流下，"泰戈尔精神"与"谭云山现象"（应该说，后者是前者的组成部分）值得我们提倡与发扬光大。

我预祝这次"中印文化艺术界高层论坛"圆满成功！

注释：

①⑥ 引自达斯（Sisir Kumar Das）：《泰戈尔在中国的讲演》，加尔各答，国际大学泰戈尔馆1999年出版，94页，50页。

② 引自邬玛·达斯古普多（Uma Das Gupta）：《泰戈尔教育与民族主义言论选集》，牛津大学出版社2009年版，198页。

③④⑦⑧⑪ 谭中：《谭云山与中印文化交流》，香港中文大学出版社1998年版，170页，47页，281页，214页，28页。

⑤ 谭中：《踏着玄奘脚印：谭云山与印度》，新德里，英迪拉·甘地国立艺术中心与知识出版社1998年版，21页。

⑨ 谭中：《深刻认识泰戈尔与中国、亚洲的情结》，参见王邦维、谭中主编：《泰戈尔与中国》，北京，中央编译出版社2011年版，145页。

⑩ 参见谭中、耿引曾：《印度与中国——两大文明的交往和激荡》，北京，商务印书馆2006年版，第九、十、十一章。

⑫ 张维为：《中国震撼：一个"文明型国家"的崛起》，上海人民出版社2011年版，197页。

谭云山父子与印度现代汉学

郁龙余　北京外国语大学南亚研究中心主任

谭云山被称为中印现代关系史上友谊金桥的一位建造者。他于1927年在新加坡受到泰戈尔邀请,1928年来到印度国际大学,1937年成立中国学院,到1983年在菩提迦耶圆寂,凡五十余年一直为中印文化交流奔忙。著名学者季羡林说:"云山先生踏着法显、玄奘、义净等古代高僧大德的足迹,从事继承和促进中印两个伟大民族间的传统友谊,可以说是穷毕生之力。"[①]时代虽不同,但是"最后他们都以文化交流的辉煌业绩彪炳史册,其无量功德赢得后人的敬仰"[②]。

谭中是谭云山的长子,当代著名中印学家。他子承父业,以毕生精力继承谭云山遗志,弘扬谭云山精神。谭家父子两代,为中印关系的发展和文化交流做出了巨大贡献,被传为中印友好史上的佳话。

一、谭云山与印度现代汉学开拓

印度真正学科意义上的现代汉学的开拓,肇始于国际大学中国学院。中国学院在印度语言中被称为China Bhavana,直译为"中国宫"。

但实际上，她从成立的那一天起，一直是国际大学中的一个独立经费、独立管理、独立教学的特殊学院。直到1951年，国际大学由私立大学改为国立大学。在中印现代关系史上，特别是在那中国全民抵抗日本侵略、印度人民反对英国殖民统治的悲壮岁月中，中国学院发挥了难以替代的巨大作用。

中国学院的原动力是泰戈尔，她的实际缔造者是谭云山。泰戈尔和谭云山是一对异国忘年交，他们之间的故事使人感动。正是泰戈尔和谭云山之间的人世少有的隆情厚义，才催生了中国学院和印度现代汉学。另外，谭云山百折不挠、庄敬宏毅，以及中国、印度的许多英杰的鼎力支持，也是中国学院成功的不可或缺的条件。

1933年，谭云山为中印学会立下宗旨：研究中印学术，沟通中印文化，融洽中印感情，联合中印民族，创造人类和平，促进世界大同。这个宗旨后来成为中国学院的宗旨，是谭云山为之奋斗终生的36字真言。谭云山有几个身份，一是国际大学教授，中国学院院长；二是中印学会秘书，实际的操作手；三是文化专员，这是抗战胜利后国民政府给的头衔。他同时还是泰戈尔的朋友与学生，尼赫鲁的朋友，甘地的敬仰者，释迦牟尼的信徒。在谭云山的一生中，他始终坚持了两个最基本的身份：一是中国人的身份，始终拿着中国护照；二是学者的身份，他始终热衷于教学和学术。一度有人劝其加入国民党，他婉拒了。但是，仍有少数人怀疑他的身份。面对这种怀疑，他理直气壮地说："文化学术事业，最为清高尊严，苟借此掩蔽，以从事政治活动，岂不损人格与自丧地位？曷能讲学？至于遇有中国官员来印，辙来访问中国学院，这是一种游历参观性质，亦为一种同情与爱护，尊重文化学术之表示。绝对不能同政治关系，混为一谈。"③以上是1950年谭云山为新加坡《南洋商报》所写特稿《谭云山与国际大学中国学院》的内容。

谭云山自认识泰戈尔开始，为中印文化事业奋斗终生，主要取得以下七大功绩。

（一）"白马投荒"，创建中国学院

1927年，谭云山在新加坡和心仪已久的诗圣泰戈尔相识。泰戈尔慧眼识英才，热情邀请不到30岁、没有大学文凭的谭云山到国际大学任教。意气风发的湖南才俊谭云山，深感知遇之恩，决心"白马投荒"，为中印文化交流贡献终生。1928年，谭云山结束自己在南洋的大有前途的事业，告别新婚妻子来到印度的圣地尼克坦。谭云山认识到，要在圣地尼克坦站住脚，真正将中印文化交流事业开展起来，必须有一个运作机构和场所。于是，筹资建设中国学院大楼成了谭云山工作的重中之重。在《建设国际大学中国学院计划书》中，谭云山写道："本学院院所，包括一会堂兼图书室并教授二人学员十人之住室及厨房等。建筑费约需三万卢比。合中币约三万三千元。"④

谭云山当初的思路，是个人捐款或公家拨款均可。"若由一人独捐，则以其人名命此建筑，以为纪念。若由众人合捐或公款提拨，则另作特别纪念。如将来范围扩充，可再建筑一独立会堂与一独立图书馆等。"这个计划说明，谭云山有相当高明的管理才华和发展眼光。1934年10月，谭云山携带泰戈尔的书信及建院计划书回国。上下奔波游说，终获成功。"所募集的款项，已足够修建一所中国学院的房舍及购置必需的用具。"⑤除了金钱之外，谭云山还收获了更为宝贵的精神财富。在谭云山的奔走下，1935年8月，泰戈尔收到由南京中印学会汇出的31712卢比7.5安那的建设款。1936年，谭云山回到印度，立即开始建设中国学院大楼。1937年4月14日是印度孟加拉历元旦，中国学院宣告成立。泰戈尔兴奋不已，他说："今天在我真是一个伟大的日子。这是我久已期望的日子。"又说："今天开幕的这所学院，将成为中印两国日益增进的更广泛的了解的中心与象征。"他还为中国学院写了一首《赞颂诗》和一首《颂诗》(song)。"圣雄"不能亲临，泰戈尔致信祝贺道："谨祝中国学院为中印新交谊之象征。"致信谭云山说："你的努力，很有价值，谨祝其成功圆满。"原本答应担任开幕式主席的国大党主席尼赫鲁，因病（实为英兵所阻）没有出席，就委托他的独生女儿英迪拉带来了"一封很感动人的长信"，称这是一次"伟大的典礼"，"其伟大处正在一则唤起悠久的过去的回忆，一则也在其预告将来的同盟，以及锻炼出使中印更加接近的新的连锁。"⑦

在中印友人倾力支持下，谭云山以中国学院首任院长的身份开展建院工作。总体而言，进展顺利。在泰戈尔的支持下，谭云山成功筹建中国学院大楼。从建院那天起一直到现在，中国学院始终是国际大学最耀眼的景观，她和谭云山的名字紧紧联系在一起。

（二）募集图书，建印度首个中文图书馆

图书馆对于一个学院的重要性，谭云山十分清楚。所以，无论在1933年由他起草的《中印学会：计划、总章、缘起》中，还是在印度的印中学会一经成立，由他在泰戈尔指导下起草的《建设国际大学中国学院计划书》中，都十分强调中文图书馆的建设。他在《计划书》中说："本学院先设一图书室，将来再扩充成一图书馆，专收罗各种新旧中文书籍以及有关于中国文化史地等之其他各种外国文字之书籍。"⑧

由此可见，谭云山想建的中文图书馆，是包括各国文字在内的中国文化图书馆。甚至他还想往文化博物馆方向发展，在《计划书》中他还写道："如果将来事实可能，并增设一文化馆，以陈列中印两国各种有关文化之事物。"⑨

图书募集工作进展顺利，谭云山说："我募来的书籍，甚至比我预计的数目还要多。中国中印学会，购赠了十余万卷中文书。其他友人与出版家等，也捐赠了此数的一半。大部分都是关于中国佛学、经学、史学、哲学、文学、艺术等的重要而珍贵的书籍。"⑩中国中印学会成立于1935年5月的南京，蔡元培任理事会主席。"中印学会一成立，就决定向印中学会赠送一批图书，在国际大学建立中国图书馆。这批图书陆续运出，首批就有六万册，前后共有十多万册。中印学会所赠图书至今仍是国际大学的镇校之宝。"⑪

1949年之后，中国学院的中文图书馆建设，不断得到新的动力。其中，最值得一提的是1957年1月周恩来总理访问印度，接受国际大学荣誉学位，发表演讲、捐款并赠书。谭云山特别珍视和周恩来的友谊，特别将周总理赠书的书目卡片抄录后珍藏起来。1967年谭云山退休，在《谭云山文献》中记录着当时的馆藏情况：

中国学院图书馆
中印学会赠书22314册
自购、总图书馆转给他人赠书中文7125册
其他文字2331册，共9456册
周恩来总理赠书11762册
1967年7月1日存书43532册
第一批中印学会赠书为谭云山1934年亲自在南京购置，费银2万元。书目845类，共20097本
第二批书亦由谭云山在南京亲自计划订购并指导
以上两批共收到983类，共26753本

这些细节记录说明，自建院到退休，谭云山始终关注中国学院的

图书馆建设。

谭云山深知佛典在中印文化交流中的重要性。"基于此点,谭教授请求当时之最高政治当局及教育部,惠捐上海频伽大藏经十部。于收到藏经后,彼即分赠下列各个文化机关:

1. 加尔各答大学 Calcutta University
2. 巴特那大学 Patna University(比哈尔邦)
3. 贝纳拉斯印度教大学 Benaras Hindu University(北方邦)
4. 安达拉大学 Andhra University(今安达拉邦)
5. 槃达喀东方研究院 Bhandarkar Oriental Research Institute(今麻哈拉施特拉邦的浦那 Poona)
6. 文开特什瓦拉东方学院 Sri Venkateswara Oriental Institute(今开拉邦的提鲁跋提 Tirupati)
7. 国际印度文化学院 International Academy of Indian Culture(今巴基斯坦的拉合尔 Lahore)
8. 大菩提社 Maha Bodhi Society(今北方邦的鹿野苑 Sarnath)
9. 孟加拉佛教会 Bengal Buddhist Association(加尔各答)
10. 国际大学中国学院 Visva-Bharati Cheena-Bhavana(圣地尼克坦)

此上海频伽藏共有释典一九一六部,计八四一六卷,合订成四一四厚册,附有樟木夹板,共装成四十夹。他希望因此举能引起印度学者对中文研究的浓厚兴趣,并借此增进两国间的亲密友谊。"[12]

(三)成立中国语言文学专业,招生开课

印度的中文教育以加尔各答为最早。因为加城是印度第一商埠,离东南亚较近,有较多华人在此经商与居住。华人中又以具有中文传统的客家人居多,所以中文教育在20世纪初即已在加城华人中出现，教育对象主要是他们的子女。教育程度只停留在小学、中学层级。

印度大学的中文教育始于1918年加尔各答大学，但由于缺乏合格师资，学生常被送到法国、越南、日本培养。印度高校的中文教育走上正轨，始于国际大学的中国学院，始于谭云山。

国际大学中国学院院章总则第二条说："本院目的乃在建立并发扬中印文化之交流，因此本院将供给中国学者研究印度语文、宗教及哲学等，以及印度学者研究中国语文、宗教及哲学等之方便，而佛教为所有研究之中心。"这说明，中国学院既重视学习，又重视研究；既为中国学者提供学习印度文化的条件，又为印度学者提供学习中国文化的条件。为了达到这个目标，中国学院采取了两大有效措施：一是设立"中国文化讲座"和"中国佛学会讲座"，二是设立学员甲乙两种奖学金。

从结果来看，中国学院的专业教学是非常成功的。在不长时间内，国际大学成了印度的中国学摇篮，印度各大学的中国学师资几乎都来自国际大学，或者与国际大学有关。谭云山最早的学生只有五名，其中三名是教师，两名是研究人员。著名孟加拉文作家、图书馆馆长慕克吉教授就是其中之一。利用当时政府设立的奖学金，谭云山组织交换的教授有师觉月（P.C.Bagchi）、蒲罗丹（Pradhana）和巴帕提（P.V.Bapat）。师觉月和蒲罗丹，都到过北京大学进行研究与教学。师觉月是印度著名中国学家，出任过国际大学副校长。蒲罗丹为著名梵文教授。巴帕提的交换并没有去中国，而是在国际大学中国学院做三年研究（1945—1947）。他出任过德里大学佛学系主任。在印度的留华学生中，日后成绩卓著的有白春晖（Paranjpe）、泰无量（Amitanth Tagore）、南希真（Ramanan），等等。中国派往印度的留学生有王汉中、沈锜、魏钰荪等，都学有所成，在印度大学获得博士学位。

通过其他渠道到印度，接受中印学会和中国学院各种形式帮助的中国学子，不胜其数。后来事业有成的就有周达夫、吴晓铃、石素真、常任侠、徐梵澄、金克木、游云山、杨允元、巫白慧、冉云华、李开物、杨瑞林、糜文开等。不少印度学人通过中国学院或得到中国学院帮助，而成就事业者亦不在少数，其中有郭克雷（V.V.Gokhale）、慕克吉（P.Makherji）、苏季子（Sujit Mukherji），等等。

谭云山十分爱护学生。他说，此生最大希望、最大财富是学生。他是用心、用生命来从事教育工作的。他十分赞赏孟子的"三乐"思想。有一次他去德里大学，中文系的学生闻讯请他开讲座。他就以孟子的"三乐"为题开讲，学生多少年后还赞叹不已。除了对孟子的崇敬之外，还有谭云山自己身世的原因。孟子说："君子有三乐，而王天下不与焉。父母俱存，兄弟无故，一乐也；仰不愧于天，俯不怍于人，二乐也；得天下英才而教育之，三乐也。"谭云山是孤儿，幼失怙恃，尽孝之乐对他来说已不可奢得。于是他移孝作慈，对学生格外爱护。谭云山不仅在印度大学开设中文课程，而且以卓越的教风，树立了神圣的教师形象。有些学生称他为"中国圣人"，原因多从此来。

（四）组织中印学者交流、学生留学

20世纪上半叶，中国和印度都处于一个特殊的历史时期。中国爆发抗日战争，印度处于英国殖民统治之下。中国需要印度特别是印度人民的支持，印度人民希望得到中国政府和人民的支持，而英印当局则心态复杂，既需要和中国保持同盟关系，又不愿意中国和印度民族力量走得太近。谭云山和中国学院刚好能满足中印之间处理复杂关系的需要。中印之间的许多学者、学生的交流，是通过中印学会和印中学会来实现的，谭云山则是实际的操作者。

在那段特殊的岁月里，印度到中国访问的高级学者，几乎都是通过谭云山安排的。1944年5月，贝拿勒斯大学副校长、著名哲学家拉达克里希南访问中国，开启了印度学者来华讲学的先河。1945年11月，印度东方艺术学会副会长、著名美学家甘歌利应邀来华讲学，都由中印学会参与安排。

1943年，中印两国政府商定互设留学生奖学金。同年11月，印度派出首批留学生10名（实到9名）来华，受到中国各方面的热烈欢迎。中国派去的10名留学生（6人就读大学，4人学习实业与工程），也受到印度人的热烈欢迎。

1947年，印度成立临时政府，政权开始回到人民手中，尼赫鲁进一步加强中印学者、学生交流。当年派出的著名汉学家师觉月到北京大学为首任讲席教授，并派出10名公费留学生，其中3名为大学助教，7名为硕士。作为对等，中国派往印度的首任讲席教授是谭云山。就此，从中国派出的公费、自费留学生源源不断地来到印度。

中国的印地语（印度国语）教育始于1942年的昆明东方语文专科学校，首任印地语教师辛哈（K.K.Sinha），由谭云山从国际大学选送。1949年，东方语专合并于北京大学东语系。

特殊年代，特殊身份，谭云山为中印学者、学生交流做出了特殊贡献。他在1946年3月15日写给当时的教育部长朱家骅的信中说："由部补助徐琥（梵澄）每月印币三百盾及常任侠、杨允元每月各二百盾，当由部中先一次寄给六月。该六月之期，转瞬即满，应请部中继续予以补助，并将款先行汇发，俾各得安心工作，毋任感祷。"[13]从这封信中可以看出，谭云山为当时的中印学者、学生交流，担负着非常重要而艰难的任务。信中提及的徐梵澄、常任侠、杨允元，后来都在学术上做出了巨大贡献。而在《谭云山文献》中保存下来的此类文稿非常多，说明他当年工作的辛劳与责任。

(五)组织中印政要、名流进行互访

中印朝野在那特殊年代的特殊关系,给了谭云山在组织安排政要、名流互访、交往中发挥才华的绝佳机会。1939年8月,印度国大党领袖尼赫鲁应邀访华取得重大成功。他受到中国193个社会团体的热烈欢迎,接待规格完全是国家元首标准。当时,日机轰炸频繁,尼赫鲁在重庆期间,五次躲进防空洞。但是,正是这次访问,大大增进了他对中国的了解。他说:"中国人承受压力的能力是令人吃惊的。但最使我印象深刻的是他们的从容镇定和抗战到底的决心。"⑭尼赫鲁的这次成功访华,和谭云山出色的幕后运作是分不开的。

在接待社会贤达、宗教人士方面,谭云山也是全力以赴。重建鹿野苑中华佛寺,是道阶、德玉等高僧的心愿。在谭云山的努力下,新加坡商人李俊承出资在唐代佛寺原址附近购地兴建。1939年,宏伟的新寺落成,从缅甸请得巨大玉佛一尊。同年,李俊承出版《印度古佛国游记》。1940年初,太虚法师率中国佛教团访印。太虚是中国佛学会理事长,在中外佛教界有着广泛影响。他拜访了尼赫鲁,尼与太虚进行了长时间的交谈。太虚还专程访问国际大学,除了和泰戈尔交谈之外,还和谭云山就佛教发展问题进行了深入的讨论,希望谭云山利用自身优势,为重振菩提迦耶多出力。他给谭云山的题诗,表达了自己的殷切希望:

> 中华孔老释三家,次第曾开福慧花;
> 好译大乘还梵土,菩提树再茁灵芽。

徐悲鸿的印度之旅,可以说时间长、成果多,在中印文化交流史及徐悲鸿艺术发展史上,都是极为浓重的一笔。徐悲鸿为甘地、泰

戈尔所作的人头画像，在各国画家的同类作品中享有盛誉。在甘地、泰戈尔支持下，徐悲鸿在国际大学和加尔各答举办画展，泰戈尔亲自写序，热情称赞徐悲鸿的绘画艺术。在国际大学期间，徐悲鸿的食宿都在中国学院，和谭家结下了深厚的友情。

从以上数例可知，谭云山待人接物，尽心尽力。除了知名人物，还有更多当时并不知名但又需要帮助的人，谭云山也热情有加，慷慨相助。

（六）沟通中印民众，为抗战服务

除了在中印上层人士中做大量牵线、联络工作之外，谭云山还利用自己的特殊身份，直接向印度普通民众作演讲，宣示中国人民的抗战立场。回到国内，又利用一切机会，向中国民众通报印度人民支持抗战的立场和行动。中国需要印度人民支持，以争取抗战早日胜利。印度人民需要中国支持，促进民族独立早日实现。谭云山深知这两者互助互长的关系，他发表一系列演讲、文章，在沟通中印民众，化解矛盾方面发挥了很大作用。1942年3月7日，谭云山所写《良心的呼吁》一文，印度几乎所有大报都有发表。文章呼吁印度民众，为了自己的利益，为了世界和平，暂时停止抗英，参加到反抗德、日法西斯的运动中来。1943年7月7日，是卢沟桥事变6周年，印度国大党举行中国日。谭云山应邀出席并作演讲，他说："我向国际友人、印度朋友保证，不管遇到什么困难，中国决不停止抵抗。我们为独立而战，为人类的公道与正义，为种族平等与自由而战。我们中国人最看重的是信用。孔子说：足食、足兵、民信三者中，最重要的是民信。一个独立、强大的中国对国联只会有益，不会有损，对整个世界也是如此！"

国大党发动的支持中国抗日的活动，谭云山积极参加和支持。1938年，国大党选派五名优秀医生援华。谭云山回到国内，对他们给予种种帮助。巴苏医生在1938年11月29日的日记中写道:"要是没有谭云山教授的不断关心与帮助,我们也许就完全脱离潮流了。"⑮谭云山为了便于交际,给每一位医生取了中国名字。他的做法是,在每位医生的姓后面加上一个中华的华,巴苏医生就叫巴苏华。因为既方便又上口,大家都乐于接受。

支持都是互相的。中国人民对印度人民的独立解放运动,也给予了极大支持。谭云山是表达和实现这种支持的桥梁。当印度人民遭遇大灾害,中国人民在经济极端困难的状况下,依然给予力所能及的帮助。1943—1944年印度孟加拉大饥荒,死亡数百万人。中国人民组织捐款情况非常感人,有幼儿园小朋友做出小工艺品,出售后当善款捐出。谭云山将这些善款捐给了加尔各答的印度大菩提协会机构,由他们去拯救饥民。

谭云山长期生活在印度,在印华人所做善举,都会和他联系在一起。1944年5月底,谭云山突然接到甘地的一封电报,说:"我向中国表示美好的祝愿和热爱。"原来,在5月25日,六个中国人去拜访刚出狱的甘地。他们请甘地在以前的合影上签名,并为"哈里真"基金捐了一些钱。甘地为这六个人题赠:"1944年5月25日向中国表示我最良好的祝愿,世界对中国抱有极大的期望。"甘地的题赠和电报,已经将谭云山当做中国人的代表。而事实上,谭云山也确实当得起这个代表。

(七)著书立说,出版刊物

作为一名学者,著书立说是应有之义。在那战乱、奔波的岁月里,谭云山用中英文写下了许多著作,不得不令人惊叹。据不完全统计,谭云山的主要著作有:

英文方面

A. 编写的书

1. *Cultural Interchange Between India and China*（1937）(《印度与中国的文化交流》)

2. *Buddhism in China Today*（1937）(《今日中国的佛教》)

3. *What is Chinese Religion*（1938）(《中国的宗教是什么》)

4. *India's Contribution to Chinese Culture*（1942）(《印度对中国文化的贡献》)

5. *Chinese Studies in India*（1942）(《印度的中国研究》)

6. *My Dedication to Gurudeva Tagore*（1942）(《我献身给师尊泰戈尔》)

7. *The Visva-BharatiCheena-Bhavana*（1944）(《国际大学中国学院》)

8. *The Spirit of Indian and Chinese Cultures*（1949）(《中国与印度的文化精神》)

9. *Great World Union and Union of Asia*（1949）(《世界大同与亚洲联合》)

10. *Ahimsa in Sino-Indian Culture*（1949）(《中印文化的"不害"精神》)

11. *Sino-Indian Relationship*（1950）(《中印关系》)

12. *Ways to peace*（1950）(《通往和平之路》)

13. *The History of Chinese Language and Literature*（1952）(《中国语文及文学的历史》)

14. *Awakening of Consciousness: Sri Aurobindo's Message to the World*（1957）(《觉醒：圣哲奥罗宾多对世界的启示》)

15. *Twenty Years of Visva-Bharati Cheena-Bhavana*（1957）(《国

际大学中国学院二十周年》)

16. Modern China published by kitabistan, Allahabad（1944）(《现代中国》)

17. China, India and the War, Published by The China press, Calcutta（1944）(《中国、印度与第二次世界大战》)

B．编辑的期刊

The Sino-Indian Journal《中印学报》1947—1948

中文方面

1.《海畔诗集》，广州，1930年

2.《印度洋上》（诗集），广州，1931年

3.《世界历法与历法革命》，南京，1933年

4.《印度周游记》，南京，1933年

5.《印度丛谈》，上海，1935年

6.《印度自治》，上海商务印书馆，1935年

7.《印度六大圣地图志》，上海，1935年

8.《圣哲甘地》，南京，1936年

9.《诗圣泰戈尔与中日战争》，重庆，1939年

10.《印度人民对吾抗战同情》，重庆，1939年

11.《现代中国讲演集》，重庆，1939年

12.《南洋回忆》，新加坡，1950年

13.《祖国观光及其他》（诗集），印度中印学会，1959年[⑱]

和现代一些著作等身的学者比，谭云山的著作也许在数量上并不多，但自有特点。正是这些特点，奠定了他在现代中外文化交流

史上的不朽地位。

　　首先,谭云山是位思想者。他慎于思,敏于行。经过深思熟虑,而且在自己的行为实践中得到检验的,才付诸笔端。其次,谭云山学佛,善于内省。重感悟认知,不好侃侃而谈。所以,谭云山的文章言简意赅,内涵深远。虽然几十年过去了,社会发生了很大的变化,但是依然经得住考验。不仅如此,许多文字至今仍可奉为座右铭。例如,他为中印学会拟定的宗旨,后来又成为中国学院的宗旨。其36字,对于今天办在印度的孔子学院或整个中印文化交流事业,依然可以作为参考。又如他对"中国教"的定义,不但精当、全面,而且深刻。⑰

　　谭云山是学者,但是为了强身健体的需要,他还自创了一套太极神功,这套神功的口诀不但为中华武文化增添了新鲜血液,也显示了他的哲思与文采:

　　太极神功
　　上段:发端(起功)
　　"天地与我并生,我与天地共存"
　　(一)太极动　两仪生
　　(二)两仪交　四象转

　　中段:精进(本功)
　　"万物皆备于我,我与万物为一"
　　(一)乾通达
　　(二)坤开展
　　(三)震上旋
　　(四)巽后转

（五）坎荡漾

（六）离点然

（七）艮声峙

（八）兑深远

下段：圆满（结功）

"放之则弥合六，退之则藏于密"

（一）乾坤一，宇宙全

（二）百物长，万事成[18]

　　谭云山从小擅诗，而且是多面手，不仅擅旧体诗，也擅新体诗、白话诗；不但用汉语作诗，而且写英文诗。其中，以旧体诗为最重要。他以诗记事、明志、述怀。一读他的诗，一个活生生的诗人就出现在眼前。所以，研读谭云山的诗，是了解他本人最重要的第一手材料。1959年刊行的《观光祖国诗及其他》是谭云山的重要诗集，收有观光祖国诗三篇二十四首，附赠陈毅元帅诗二首；解放后观光前诗二篇十六首，近诗九首；浴三洋诗三篇，每篇均五言二十句。另外，1968年8月谭云山做《忆昔八章》，是赠给妻子陈乃蔚的。"这八首诗更是谭云山对个人、对时局、对中印关系、对中国国内发展种种变化的一种大总结。"[19]所以，是最见心见性的。

　　除了做诗之外，谭云山也有若干译诗。长期居住印度的谭云山，因交际和工作的需要，他除了通晓英语之外，还对梵语、孟加拉语有研究，从事汉梵、孟汉翻译。1934年，在锡兰举行的释迦"成道、诞生、涅槃"纪念大会上，泰戈尔被推为主席，随后，他在会上诵了一首赞佛诗。事后泰戈尔用孟加拉文写出送给谭云山。1935年5月18日，加尔各答的大菩提社（Maha Bodhi Society of India）举行释迦诞生纪念会，请泰戈尔做主席。他在会上除了发表演说，还诵出两首佛诗。这两次会上所做佛诗，均由谭云山从孟加拉语译成汉语。谭云山对1935年的佛诗的汉译如下：[20]

(一)

佛陀吾师尊，佛陀吾救主。
汝之诞生地，真实在此处。
此处之世人，残酷且苛刻。
惟汝之仁慈，拯彼于永劫。
助彼生信心，不复自失坠。
彼因忘记汝，乃忘凶恶日。

(二)

请就汝宝座，于彼堡垒门。
当彼正傲慢，狂乐且欢宴。
惟汝之光明，出自双目间。
战胜彼醉命，无限之凶险。
彼将无告者，蹂躏于脚跟。
彼为柔弱者，锻制此锁链。

从谭云山的译诗可知，泰戈尔确是现代佛家大菩萨，同时，又可知谭云山译佛诗功底不凡，颇有唐宋译经遗风。

谭云山对出版工作看得很重，他总是千方百计迎难而上。其中，有两项值得一提。其一，他将1938年泰戈尔和日本诗人野口米次郎之间关于侵华战争的四封辩论信，以《诗人对诗人》(Poet to Poet)的书名出版，在当时产生了巨大影响。其二，他在1947年至1948年，得到师觉月的支持，编辑出版《中印学报》(The Sino Indian Journal)，对中印文化交流颇具意义,只是因缺乏经费而不得不停止。

以上,就是谭云山从1927年认识泰戈尔,献身中印文化交流事业,到1967年退休的40年间,为中国学院的开创与建设所立下的七大功绩。1967年退休之后,他继续为中国学院操劳之心不变,但不在其位不谋其政,加上其他一些因素,谭云山逐渐将精力投入到中印佛教交流事业之上,主要是在菩提迦耶筹建世界佛学苑。这也是谭云山当年投身中印事业的初衷之一。可以说,谭云山的人生分为两大阶段:1927年之前,主要在中国和东南亚,共29年,为其人生的第一阶段;1928年至1983年主要在印度,共55年,为其人生的第二阶段。在印度期间谭云山的事业和生活又可分为两个阶段:1928年进入国际大学至1967年退休,为中国学院阶段,共40年;1967年至1983年逝世,虽然仍常住中国学院,但心在菩提迦耶,并终老于斯,共16年,为菩提迦耶阶段。

从中国学院到菩提迦耶,谭云山的心路历程,在《忆昔八章》中表述得十分清楚。《八章》之二:"荏苒流光四十年,儿孙绕膝已成群;成家立业等闲事,一炷心香为救人。"他将在中国学院"成家立业"的40年视作"荏苒时光"。这是一位退休者的淡定心态。《八章》之五:"中印交流已肇端,犹存佛愿未曾完;几时削发作僧侣,脱去白衣着黄衫。"这说明研佛、事佛是他的夙愿。但到晚年,他向佛之心愈老弥坚,还有时事与现实的原因。这在《八章》的最后一首诗中表述得更为清楚:"娑婆世界孽缘深,自性净清自照明;愿代众生无量苦,皈依释迦学忍仙。"[21]

谭云山生命的最后16年,为建造菩提迦耶世界佛学苑,呕心沥血,劳苦功高。《佛光大辞典》第7卷有条目"谭云山",对其所作贡献,评价颇高。谭云山在中印现代佛教交流史和世界现代佛教发展史上,令人景仰和感叹!

谭云山逝世后，印度总理英迪拉·甘地夫人写信给谭中说："他是位伟大学者，是崇高的文化人。泰戈尔师尊和我父亲都敬爱他。他和圣地尼克坦心连心，对增进印度和中国两大文明之间的了解作了巨大贡献。"[22]中国著名学者季羡林在谭云山诞辰百年纪念文集的前言中，这样写道："真正从事继续构建中印友谊金桥的人却不是太多，这样的人必须具备大勇气和大智慧，识见逾越侪辈，目光超出常人。换句话说，就是这样的人绝非常人，绝非等闲之辈。如果用一个譬喻的话，就是我们常用的凤毛麟角。世界上，在中国，有没有这样的人呢？有的，他就是谭云山先生。"[23]

我们认为："谭云山作为一名杰出的中国学者，为了中印文化交流，为了印度的中国学建设，奋斗到生命的尽头，最后终老五天。他是一位友谊的使者，文化的传播者，中华民族的赤子忠臣，印度人民的忠诚朋友。在那个翻天覆地的时代，他为中国和印度这两个伟大民族所作出的历史贡献，随着历史的流逝而显得越来越灿烂。中国古代对国家社稷有大功之人，无论朝廷还是民间都有谥号。现在是新时代，已无此惯例。但若论其牺牲之大，贡献之巨，当谥'文忠'。"[24]时代发展到今天，我们回头再去看谭云山和中国学院，不觉得中国学院就是最早的海外孔子学院吗？谭云山不就是最早的孔子学院院长吗？谭云山和中国学院，对今天的中外文化交流来说，有着重要的借鉴意义和榜样作用。谭云山精神，值得我们在对外文化交往中大力弘扬。

二、谭中的汉语教学与中印研究

谭中是谭云山的长子和哲嗣。孔子讲孝，重视的是继志。他说："夫孝者，善继人之志，善述人之事者也。"（《礼记·中庸》）孟子强调继嗣，说："不孝有三，无后为大。"(《孟子·离娄上》)谭中既继嗣又继志。因为有了谭中，谭云山不但后继有人，而且将谭云山的事业，大大地向前推进了一步。如果说，谭云山是印度现代汉学的开拓者，将印度现代汉学扶上了马，谭中则牵着马，送了非常关键的一程。印度现代汉学，能有今天的水平和特色，谭家父子功莫大焉。印度著名外交家梅农(K.P.S.Menon)说："中印两国应该认为最幸运的是，谭云山的儿子、谭中博士，从尼赫鲁大学中文教授退休后，现在担任英迪拉·甘地国立艺术中心教授顾问，正在把这一可贵的遗产承继下去。"[25] 梅农的这段话说得相当有见地。

谭云山的汉语教育主要在加尔各答附近的国际大学。印度独立后，政治文化中心迅速从加尔各答向德里转移。谭中的汉语教育亦以德里为中心，正好适应了这种政治、文化中心的转移。

谭中1955年从中国到印度，他在中国接受了最好的中国学教育。到印度后，又取得了学士、硕士、博士学位，在学历上明显区别于谭云山。然而，这正是谭云山所希望的。谭中说："记得1957年我刚到印度两载并通过考试得到学士学位而获得能找到教书工作的一线光明后，父亲因公到新德里跑了一趟，带回了一首诗说：生当浊世自艰难，今日情形又别看；利器在怀聊一试，披荆剪棘斩楼兰。"[26]

谭中在很长一段时间里，以教中文谋生，他的硕士、博士学位是边教学边读书拿下的，比别人辛苦很多。这既是生计的需要，也是工作的需要。谭中获得学士学位后，在浦那(Pune)的印度国防学院做中文讲师，后来又到德里的外国语学校教翻译班。他从国防学校来到德里大学，以副教授身份当了7年中日系主任，培养了许多学生，做了许多有影响的学术工作。有人说他"出于幽谷，迁于乔木"，非常贴切。1978年，他被尼赫鲁大学聘为正教授，担任亚非语文系和东亚语文系主任，直到1994年退休。

由于谭中长期在印度最重要的中文专业任教，为印度培养了大批专业人才。这些人才，现在已经成为印度中文教育的中坚力量，如尼赫鲁大学的马尼克（Manik Batthacharya）、墨普德(Priyadarsi Mukerji)、邵葆丽（Sabaree Mitra）、狄伯杰(B.R.Deepak)，德里大学的谈玉妮(Ravni Thakur)，等等。

谭中在德里大学、尼赫鲁大学充分利用有利条件，搭建中国学研究的平台，不但有力地提升了印度当代的中国学研究水平，而且使得印度的中国学在国际中国学研究中独具特色。

尼赫鲁大学开办于1969年。谭中到来之后，针对新大学的特点，为加强中文专业建设，采取了三条措施：首先，采用北京语言学院出版的汉语教材，以报纸杂志和文学作品为补充；其二，向学校争取增加教师名额，10年间从3个名额增加到了10个；其三，成立独立的中文系，开始是成立东亚语文系，后来又将它分成中文系和日文系。尽管此时谭中已退休，但他的这三大措施取得了成效。其中，最大的标志是尼赫鲁大学的中文教学和研究水平后来居上，处于全印度的领先水平。这是一项了不起的成就。如果说当年谭云山"白马投荒"，将印度大学的中文教育纳入正轨，那么谭中则将印度大学的教学、研究迅速提升到国际水平。谭中刚到德里大学时，校长笑着说"I am glad to have you"（高兴能得到你）。尼赫鲁大学的校长应该也是这种心情。可以说，谭中是印度高校中文教育的福星。

德里大学谈玉妮（Ravni Thakur）说："当今印度对中国的看法可分为四大派，第一派认为中国是对印度安全的主要威胁，这种观点主要在印度安全战略部门和军队中。第二派主张走中间路线，认为中印可以发展长期稳定关系，发展经贸，这一派知己知彼，是印度的主流。第三派是'文明派'，祖师是泰戈尔，主张中印文化交流，建立永恒的友谊。第四派是左翼，因中国是社会主义国家而对中国亲善。"[27]

印度和许多西方国家一样，由于语言的障碍，对中国真正了解的人不多。在过去很长一段时期中，汉学家常常被当做古董，放在博古架上。他们在社会上的影响很小。自从新中国成立，汉学家变成中国学家、中国通，汉语的重要性愈来愈凸显。

印度的情况再次说明，外国人越了解中国的语言、文化，对中国的喜爱就越深。因为中国文化是开放的，具有亲和力，外国人对唐诗宋词、明清小说、鲁迅老舍，懂得越多，就必然越喜欢中国。这是一笔最宝贵的民族财富。在以往印度的中文教育中，文学往往不是主导课程，但其作用却在学习者的人生旅程中举足轻重。文化、文学的滋润，往往如春风化雨，不为人知，其力量也在此。谭中深知诗词的力量，在教学中给予足够的重视，并将中国古代诗词精华选译成英语，在印度出版《中国古典诗词》。

三、谭中的中国印度研究

谭中生在马来亚，幼时到过圣地尼克坦，诗哲泰戈尔为他起名无忧（Asoka），后回湖南读书，1955年26岁时到印度。由于他持有中国护照，印度人自然称他为"中国人"。为了工作方便，他加入了印度国籍，中国人就说他是"印度人"。1999年，他移居美国并入籍，许多人不知该如何为他判籍，我则称他为"美籍华人印度学家"。其实，他赴美之后，心仍在印度。他是当今世界最知名的印度学家之一。不过谭中的印度研究有他自己的特点，与众不同。

西方人做研究有一套规矩，久而久之，就成了不准更改的老套。谭中继承了谭云山的创新精神，加上他有极好的汉学功底，所以在做硕士论文、博士论文时，他不肯就范于西方的成规，而是独辟蹊径，进行了大胆创新。正因为如此，谭中获得了成功。他的博士论文出版后，成了印度的教科书。但是，印度是所谓"英语国家"，多少受英语思维影响，谭中的研究方法也受到了某些学者的质疑。例如，2004年12月他应邀出席在新德里召开的英文著作 India and china: Twenty Centuries of Civilization Interaction and Vibrations 的首发式。此书由谭中和北京大学教授耿引曾合著，会上谭中作主旨发言，中心论题是他一贯主张的"中印大同"。与会者有各学科的专家，其中有一位研究方法论的尼赫鲁大学教授，从历史学、宗教学角度对谭中的理论提出批评。这位方法论专家还引用法国后现代主义话语，指出谭中的逻辑思维不够标准。谭中据理力争，坚持己见。最后，谭中的"中印大同"的理论在许多学者中引起共鸣，他的观点获得了很多人的支持。

其实，谭中和方法论专家的争论，不局限于方法层面，它涉及两种语言思维的异同问题。谭中熟悉中文思维、印度思维，也熟悉英语思维。但是，他偏爱中印思维，认为："中国和印度都有丰富理论逻辑智慧，应该从中印文明之中找到一种研究中印问题的方法。"[28]他对盲从英语思维不以为然，批评用美国方法解释中文语法："比方说'我好'，把'我'当做名词的主语，把'好'当做表达状态的动词（sativa verb）的谓语。这样的解释有两个毛病：（1）中文的词性是可以灵活变通的，'好'这个字，既是形容词，又是名词，又可以当做动词，不必机械；（2）中文句子不一定完全符合主语加谓语的公式，也不一定要加动词。"[29]我们可以以小见大。谭中在这里争辩的不仅仅是阐释方法问题，而是反映了近三百年来西方语言强势给全世界造成的负面影响。他说，Power（强力）不是 Strength（力量），Strength 是 Self-defensiveness（自卫的能力），Power 是 to influence and dominate others（影响和支配他人的能力）。如美国人说 We have the strength but not enough Power to dominate others（我有力量但没有足够的强力去支配他人），也显示两者的不同，这不只是语言的问题，也是文明体会上差异的问题。[30]

谭中在英语强势语境中，坚持创新与突破，在研究中独树一帜，十分难能可贵。

谭中的研究工作，几乎都是中国和印度课题的合一与比较，极少有纯粹研究印度和纯粹研究中国的。这种中印课题的合一和中印研究方法上的合一，在很大程度上是通过中印比较来实现的。所以，谭中对中印课题的研究，显得十分自然、深刻和富有说服力。

谭云山首倡中印学，这在世界学术史上是一件大事。随着中印两国学术的发展，以及东方学术的崛起，谭云山的中印学思想必将得到越来越多的人的重视。谭中坚持学术研究中印合一，除了"继志"和自身优势之外，更是中印学所蕴藏的能量所致。中印学对谭云山来说，既是理想又是实践。他为中印学会拟定的宗旨，后来又成为中国学院的宗旨，也是谭云山一生的宗旨，其内容是：研究中印学术，沟通中印文化，融洽中印感情，联合中印民族，创造人类和平，促进世界大同。中印学（中印学术）研究，放在宗旨的首位。谭中说："他所提倡的中印学，包括历史、地理、宗教、哲学、文学、语文学、政治学、社会学、人类学、天文学、地质学、物理、化学、生物、美术、舞蹈、气功、医术、养生之道等，只要是学问都能应用到中印学上来。换言之，只要有中印学就有世界上的种种学问。"[31]这是谭中对谭云山中印学的阐述，同时也是他自己奋斗的方向。

当兰密施发明 Chindia 这个新词时，谭中表现出喜悦、惊叹甚至狂热。他曾热切地向我推荐《理解 Chindia——关于中国与印度的思考》，希望能组织翻译与出版。很快，他为此书的中文版写了一篇酣畅淋漓的"前言"。2006年，谭中和耿引曾合著《印度与中国——两大文明的交往与激荡》，书中专门讨论了"中印合璧"（Sino-

Indicratna）现象。他说："如果兰密施的书早出一年，我就会把'中印合璧'译成 Chindia 而不是 Sino-Indicratna 了。因为后者带连接号的，不如前者将把两种文明整合得难分难解。"[32] 谭中对 Chindia 的中文翻译，在进行了种种比较之后认为："我看，只有'中印大同'才是 Chindia 的最好的中文符号。"[33]

兰密施的 Chindia，打开了谭中的思想与干劲的闸门。2007年，他组织国内外28位学者写成《Chindia/ 中印大同：理想与实现》一书。他不但是主编，也是主笔。我是赞赏谭中观点的，写了《实现中印大同/ Chindia 的思想基础》一文作为呼应，认为"Chindia"一词的出现，"从创造者来讲，除了一般的机敏智慧外，必须对中印国情和世界发展趋势有着超乎常人的洞察力方能作出坚定的判断。兰密施具备了这些条件，所以他创造了 Chindia 这个国际新词汇。"[34] 谭中主编的这本书，是55万字的大著，在中印学术界着实掀起一股 Chindia 的讨论之风。

谭中几乎所有重要的学术成果，都与"中印"有关。其中，最有影响的有 China and The Brave New World: Origins of the Opium War、《海神与龙》、Triton and Dragon: Studies on Nineteenth Century China and Imperialism、《谭云山与中印文化交流》、India and China :Twenty Centuries of Civilization Interaction and Vibrations（中文版书名为《印度与中国——两大文明的交往与激荡》）、《跨越喜马拉雅障碍——中国寻求了解印度》（参著）、《China/ 中印大同：理想与实现》和 Rise of the Asian Giants: Dragon-Elephant Tango（左学金等《龙象共舞：对中国和印度两个复兴大国的比较研究》的英文改写本），等等。从已有的这些成果看，谭中的中印情结早已有之，于今为烈。

谭中的学术生涯，颇具季羡林气象。我曾说过，季羡林"老树著花红满枝，宝刀不老气盖世"。因为他虽一生勤勉，但由于各种原因，他的最重要的成果是在70岁之后问世的。谭中也是奋力一生，因谋生之需,他的大部分时间与精力都用于教学。但是,自从大学退休,他退而不休,特别是1999年旅居美国以后,不断有文章、著作问世,几成文坛学界一景。至今,虽然他已年逾八十,但仍然笔耕不辍。我们完全可以说,谭中宝刀不老,愈老弥坚。

在勤奋著作这一点上,谭中和谭云山明显不同。检视谭云山一生的著述,大都是1959年以前的作品,1960年后,只有《忆昔八章》等。他们父子二人的这种差别,主要由创作观念不同引起。谭云山惜墨如金,非经深思熟虑不肯下笔,留世的文字自然就少。谭云山的年代,写作、出版技术大不如今,加上他早期疲于奔命,晚年有了沉思的空间与时间,但已不屑形诸笔墨。这是修道者的常态。谭中所处的时代与环境大为不同,这促使谭中采取不同的工作作风。谭云山时代的国际大学,是一个民风淳朴的乡村,中国学研究也属于创始阶段。而谭中的学术活动,主要在首都德里,在印度顶级的高等学府,完全是一个开放的国际环境。谭中面临的是世界一流的中国学专家,充满信息与竞争。在一些西方学者中,甚至还流行"不出版就死亡"的观点。谭中如果坚持其父惜墨如金的作风,则完全不能应对已经发生了巨大变化的学术环境。

学术与时俱进,学者也必须与时俱进。谭中的中印研究,所体现的正是这种精神。

印度人很想知道自己在中国文献中的形象。这是非常自然的。谭中利用丰富的中国资料,对"印度形象"展开了深入研究。发表了《中国文学中的印度形象的历史扫描》[35]和《中国文学中的古代印度》[36]等文章,产生不小的反响。北京大学耿引曾积多年之学,写成《中国载籍中南亚史料汇编》二册及《汉文南亚史料学》。如何将耿引曾的资料、理论,和谭中的资料、理论融会贯通,是一件富有意义的学术合作。于是,就有了谭中和耿引曾合著的《印度与中国——两大文明的交往与激荡》的中文版和英文版。印度兰密施的《理解China——关于中国和印度的思考》于2007年问世，谭中本能地与之呼应，除了建议出中文版之外，还主编出版了《China/中印大同：理想与实现》一书。谭中正是这样在与时俱进中紧跟中印学研究的前沿。2010年，印度政府向他颁发莲花奖，是对他这一把学术界的不老宝刀的充分肯定。

谭中在印度共生活了45年（1955—1999），赴美后亦常常回到印度，共出了10种英文书，6种中文书。至今已不止此数，况且谭笔尚健，肯定还有更多文字问世。例如，2010年他和王邦维主编的《泰戈尔与中国》（中央编译出版社），是一部泰戈尔研究的重要论文集。对谭中的著述，某些观点有人可能并不认同，但是，他对中印学的执着及研究深度，对两个民族的深爱，是谁也无法否定的。

另外，谭中对谭云山的继承与弘扬，也是大功一件。历史既创造英雄，历史也淘汰英雄。一位历史英雄，如果孤身一人，必然势单力薄，容易被淹没。如果没有谭中，没有谭中的《谭云山与中印文化交流》，谭云山在中国和印度就可能不会有多少人知晓。我们的时代需要谭云山精神，需要中印学，谭中则审时度势，将时代需要与家学传承结合起来，将谭云山的精神与事业，在继承中发扬光大。这是当代海外汉学史上令人激赏的佳话。今天，我们讲谭云山精神，自然包括谭中的努力在内。谭云山、谭中父子的功绩，在中华海外汉学史上令人永远感佩。

另外，《谭云山与中印文化交流》这本书，如果我们仅仅将其看做是儿子为父亲编辑的纪念文集，就缩小了它的意义。此书本身就是中印文化交流史上的重要贡献，在中印文化关系史上具有巨大的史料价值和学术意义。研究中印文化交流，这是一本不可不读的必备书。

注释：

①㉓ 谭中：《谭云山与中印文化交流》，香港，中文大学出版社1998年版。

②⑪㉔ 郁龙余等：《梵典与华章》，银川，宁夏人民出版社2004年版，465页，463页，457页。

③⑧⑨⑩ 见新加坡：《南洋商报》，1950年9月7日。

④⑤⑥⑦ 谭云山著、金克木译：《印度国际大学中国学院》，原载《印度日报》，重载于《时事月报》。见《深圳大学印度研究通讯》2009年第3期（总4期）。原稿存深圳大学谭云山中印友谊馆《谭云山文献》。

⑫〔印度〕巴宙：《中国第一位驻印"文化大使"》，载谭中：《谭云山与中印文化交流》，香港，香港中文大学出版社1998年版，167页。

⑬ 此信存深圳大学谭云山中印友谊馆：《谭云山文献》，第4卷。

⑭《尼赫鲁选集》第10卷，新德里，1972年，112页。

⑮〔印度〕巴苏（B.S.）：《巴苏日记》，北京，商务印书馆1988年版，52页。

⑯⑱⑲㉒㉖㉛ 谭中：《谭云山与中印文化交流》，香港，香港中文大学出版社1998年版，301—302页，132页，141页，295页，4页，96页。

⑰ 谭云山认为："中国教"的宗旨是至善、至美，实践是正心、修身、齐家、治国以达到世界的太平幸福，天堂是天下大同，最终目的是天人合一。

⑳ 谭云山：《泰戈尔·甘地与佛教》，载《中央日报》1935年11月2日第2版。

㉑《忆昔八章》定稿于1968年8月2日，是给妻子陈乃蔚的赠诗。诗末有记："赠妈：尘缘将了，来事未定。一时激动有感，赠此八章，聊当四十年辛劳艰苦同居纪念。从今不言家务，不谭闲话，不谈是非。存心养性，反省求己。冀能长生久视，离苦得乐也。"《忆昔八章》为存稿，见《深圳大学印度研究通讯》2009年第3期（总4期），原稿存深圳大学谭云山中印友谊馆《谭云山文献》。

㉕〔印度〕梅农（K.P.S.Menon）：《我向谭云山致敬》，载谭中：《谭云山与中

印文化交流》，香港，香港中文大学出版社1998年版，182页。

㉗㉜㉝〔印度〕杰伦·兰密施：《理解Chindia——关于中国和印度的思考》，银川，宁夏人民出版社2006年版，41—45页，3页，3页。

㉘㉙㉚石之瑜等：《谭中教授口述历史访谈》，台湾大学社会科学院，2008年5月18日、19日、30日。

㉞谭中主编：《China/中印大同：理想与实现》，银川，宁夏人民出版社2007年版，5页。

㉟ Tan Chung, "Indian Images in Chinese Literature: A Historical Survey", China Report, January–February (1985), Delhi.

㊱ Tan Chung, "Ancient India in Chinese Literature", Abhai Maurya, ed.

India and World Literature, Delhi: India Council for Cultural Relation, 1990.

谭云山的大同思想与湖南大同学校

胡阳　天津商业大学商学院副教授
段维彤　天津大学文法学院副教授
伍英　湖南省长沙市大同小学校长

　　谭云山为"和平乡"国际大学中国学院拟定的宗旨是："研究中印学术，沟通中印文化，融洽中印感情，联合中印民族，创造人类和平，促进世界大同。"谭云山自己做人与勉励子女与弟子的《中印箴铭》是："立德立言，救人救世；至刚至大，有守有为；难行能行，难忍能忍；随缘不变，不变随缘。"这是把中国传统儒家思想与印度佛教思想熔于一炉。"立德立言"和"有守有为"是中国"忠恕之道"的做人原则，"救人救世"和"难忍能忍"是印度大乘佛教的"菩萨精神"。中国学院建立以后，谭云山请了名画家把印度阿旃陀石窟的著名壁画"降魔图"临摹在大厅中，他自己在两旁添了"地狱未空誓不成佛，众生普度方证菩提"的评语，使"菩萨精神"照耀莘莘学子。谭云山为了向印度友人解释中国的宗教，特地写了一篇名为《什么是中国教？》(What is Chinese religion)的文章。在这篇文章中，谭云山认为中国教的宗旨是"至善"和"至美"，《礼记·礼运》中《大同篇》说的就是"中国教"的天堂。他提出"中国教"并不是要标新立异，而是要融合狭隘宗派主义观点的界限，是一种"大同"的治学态度。

谭云山长期在印度生活，深受印度人生哲学理想熏陶。谭云山一生最敬佩的，一位是"师尊"泰戈尔，另一位是"圣雄"甘地。他也敬佩另一位印度哲学家奥罗宾多，以及奥罗宾多的法国夫人、奥罗宾多死后主掌南印度奥罗宾多学院的"圣母"。泰戈尔是和平、慈爱、童心的象征符号，在泰戈尔的"和平乡"，没有老少尊卑的概念，男的包括泰戈尔本人都称"兄"（da），女的都称"姐"（di）。这就是一种大同社会。谭云山特别佩服甘地的为人，也经常在自己的日常活动中效法甘地。例如，甘地每周一天不说话，他相信沉默带给他内心的平静，谭云山则相应地在每星期三保持沉默，一言不发。当甘地被刺（1948年1月30日）的噩耗传到长沙，谭云山陷入哀痛与悲伤之中，绝食一天表示悼念。

抗战胜利后，谭云山夫妇于1946年携带几个子女回国，夫人陈乃蔚是准备在长沙定居的，谭云山把家小安排好以后，还得回印度主掌中国学院的事务。在长沙置办住宅时，恰巧在市郊看到一块地，大树后边有一座两层楼房，楼房的四分之一被日本人炸毁，但其他部分仍很坚实，房主愿以低价出售。谭云山夫妇看中了这所房子和地皮，但考虑到自己回国不是来安居享乐，也从来没有住过什么大公馆，当时就商量在这块地皮上兴办一个学校。于是，谭云山毕生的大同理想变成了创办"大同学校"的行动。

从客观上看，谭云山在长沙创办"大同学校"的主要动力出自夫人陈乃蔚。陈乃蔚和胞妹陈莱笙是中国第一代新女性，她们十多岁就到长沙稻田师范学校念书。陈乃蔚毕业后曾经到湘乡谷水白鹭湾的著名陶龛学校教书，是湘中最早的女性教员之一，在当时的农村引起轰动。她后来又受华侨邀请到马来亚教书，担任柔佛州巴株巴辖的爱群女校校长，胞妹陈莱笙和新婚不久的谭云山也去帮她办学。

陈乃蔚于1928年和谭云山结婚以后就专心致志当好贤妻良母。婚后不久，谭云山应泰戈尔的邀请去印度国际大学教书，国际大学刚开办不久，条件艰苦，教员多半尽义务，不拿工资，谭云山也一样。陈乃蔚就继续办学，把自己的收入寄到印度供谭云山零用。后来谭云山在中印之间来回奔波创建"中印学会"并为建立"中国学院"筹款，陈乃蔚就带着子女住在中国，直到抗战爆发，才在1939年携带子女去印度和谭云山团聚。印度国际大学中国学院在谭云山的掌管下，不拿大学一分钱，费用主要由当时的"中印学会"供应，经常有中国客人访问，还有许多中国学者长住，陈乃蔚担当起"女主人"的任务。中国学院变成小小"中国城"，曾在1956年迎来中华人民共和国总理周恩来。印度总理尼赫鲁更是中国学院的常客。陈乃蔚和谭云山一样深受印度朋友的敬爱。

大同学校的创办既是谭云山夫妇有志办学、教育报国的一部分，也深受他们夫妇多年来投身中印文化交流的影响，这一影响体现在以下两个方面：

第一，大同学校初建时的办学设想受到当时印度国际大学办学思想的影响。谭云山当时将大同学校的远景规划为"建立从幼儿园、小学、中学、大学到研究生院完整学校体系"，这一高瞻远瞩的教育规划当时在国内是不多见的，从中可以看到泰戈尔创办印度国际大学对谭云山的影响。

泰戈尔在他的家乡印度"和平乡"创办了一所名为 Visva-Bharati 的学府，中国通常将其翻译为"国际大学"。实际上，Visva-Bharati 是一个涵盖了从幼儿园到研究生院的人生教育场所，它的学生既包括学龄前儿童也包括白发苍苍的老者。泰戈尔很喜欢儿童，经常亲自为孩子们讲课、朗诵诗篇。

从谭云山对大同学校的长远规划中，可以看得到印度国际大学的影子，尽管这个规划由于种种原因并未实现。因为有了这个规划，所以大同学校初建时虽然办的是小学，但实际上又有社会教育，因此学校被命名为"大同学校"，而不直接命名为"大同小学"。

第二，大同学校的部分建校经费也得益于谭云山夫妇的中印文化交流经历。大同学校的建校经费主要来自谭云山、陈乃蔚夫妇的积蓄，以及变卖两人各自祖传的地产、房屋及田产，也向海外朋友借了一些，有位原来在印度经商、后来到香港经营的好友丘庆昌也捐助了一部分。

由于有了很高的远景规划和较为充裕的资金投入，初建的大同学校无论在硬件还是在软件上，在当时都是国内一流的。建设者在燕山岭下开辟校区，通过开山、平整土地，大同学校建成了在当时堪称完善的标准校舍以及各项附属设施，是附近地区校舍条件最佳的学校。大同学校也购置了齐全的教学设备，包括成套的乐器和体育器械，是当时其他学校少有的。

由于有着"建立从幼儿园到研究生院完整学校体系"的远景规划，因此大同学校从创办之日起，就配备了一流的师资力量。谭云山在大同学校建立后仍回印度主持中国学院工作，陈乃蔚担任校长。陈乃蔚邀请了胞妹陈莱笙、妹夫胡宗腾到大同学校主持具体的教务操作，胡宗腾、陈莱笙夫妇都曾在法国留学，并长期从事教育工作。初建的大同学校聘请了许多年轻优秀教师，许多教师毕业于湖南省立第一师范学校。此外，陈乃蔚、陈莱笙还邀请了一些长沙稻田师范学校的老校友加入大同学校，并邀请一些热心平民教育的人士为大同学校做义务工作。

大同学校初建时，首先设立了小学部与民教部（即成人教育部），后增设妇女部。民教部开办了识字班和裁剪班、缝纫班等技能班，缝纫班配备有当时稀少的缝纫机，吸引了不少妇女参加。学校秉承平民化的教学理念，实行学生低收费、免费入学的体制，除正规小学按政府标准收费以外，儿童班与妇女班一律免费入学。陈乃蔚当时亲自在大同学校所在地区挨家挨户劝说穷苦人家，劝他们将失学的儿童送到大同学校免费读书、受教育，甚至被人们称为"当代武训"。由于大同软硬件等各方面的条件都很好，获得社会广泛好评和良好声誉。无论家庭经济状况宽裕的还是贫困的家庭，都愿意送孩子来上学。

初创时的大同学校，初步实现了谭云山夫妇在祖国兴办教育事业的理想，也部分地实现了他们对大同理想的追求。大同学校的学生既有当时政府官员、军队将领和富商子弟，也有当地贫苦工人、农民的子弟，这些不同家庭背景的学生一起在大同学校受教育，体现了孔子"有教无类"的思想，体现了对社会和谐的追求。初创时的大同学校提供的教育是全方位的，既有小学教育，也有成人教育和妇女教育，经常有进步青年在大同学校组织讲座与社会活动，学习先进思想。在当时的大同学校接受教育的学生除了儿童以外，也包括青年和中老年人，反映出泰戈尔兴办国际大学对谭云山的影响。

1949年，为了协助谭云山在印度国际大学的工作，陈乃蔚和部分子女返回印度。陈乃蔚走后，陈莱笙担任大同学校校长直至1956年，胡宗腾则出任校董。1956年，谭云山被全国政协聘为特邀委员，回国见到了毛泽东、刘少奇等国家领导人，并与周恩来总理进行了长谈，周恩来征求了谭云山对增进中印友谊的意见。离开北京之后，谭云山在长沙停留了三天三夜，特意出席大同学校欢迎会，接受了学校师生给予创办人的热情欢迎。这次回国观光之后，谭云山将大同学校全部校产及私人房产无偿交与人民政府。1957年，大同学校由长沙市政府接管，成为长沙市第一批确立的重点小学。

大同学校改称大同小学至今，一直保持了严谨的校风和浓厚的学风，为国家培养了大批优秀人才，始终是湖南省的示范性重点学校，赢得了社会的广泛赞誉。大同小学作为长沙市示范性学校，曾先后被确定为全国教育科学"十一五"规划课题实验学校、全国小学语文教学研究会立项课题发展与创新实验学校、国家教育部授予的"全国青少年科技后备人才培训基地"、全国家庭教育先进单位、湖南省现代教育技术实验学校、湖南省小学校长培训基地之一。作为"情系湘西，爱心支教"培训基地，大同小学还大力支援了湘西贫困地区的小学教育。2006年8月，大同第二小学落成，在办学理念和学校管理上与大同小学一脉相承，赢得了社会的广泛赞誉。

从20世纪60年代初开始，谭云山曾经遗憾地失去了和大同学校的联系，直到1983年谭云山在印度的佛教圣地菩提迦耶仙逝。但是谭云山的亲友和后代一直关注着大同学校（大同小学）的发展，学校的老校长陈莱笙在晚年曾多次为大同小学捐款，与丈夫胡宗腾一起时时关心学校发展。中国实行改革开放之后，谭云山的后代也与大同学校恢复了联系，并多次访问大同小学。谭云山的长子、著名学者谭中先生在"首届中国南亚国际学术论坛——谭云山、师觉月诞辰110周年国际学术研讨会"上，与大同小学的领导亲切见面，并欣然为大同学校（大同小学）题词："大千宇宙日翻新，同舟共济造精英；学海无涯勤是岸，校园群雄齐争鸣。永怀先人创业难，远近闻名是摇篮；昌明浩荡中华众，盛世谱出大同篇。"

虽然由于种种原因，大同学校并没有如原来的设想发展为"从幼儿园、小学、中学、大学到研究生院完整学校体系"，只保留成为现在的湖南长沙大同小学，但是祖国人民永远不会忘记谭云山对祖国教育事业的贡献，当代的教育工作者也一定会继承、发扬谭云山的大同思想与办学理念，为最终实现大同理想而努力奋斗。

参考文献：

1. 段维彤、胡阳:《谭云山的大同思想及其对印度、中国教育事业的贡献》,载《南亚研究季刊》2009年第3期,95—101页。

2. 李明:《泰戈尔的中国梦在这里实现——印度国际大学中国学院概览》,载《世界汉学》2005年第1期,247—249页。

3. 谭中、耿引曾:《印度与中国:两大文明的交往与激荡》,北京,商务印书馆2006年版,3—56页。

4. 谭中:《谭云山与中印文化交流》,香港,香港中文大学出版社1998年版,1—155页。

在理想与实干之间行走
—— 泰戈尔、谭云山与中国学院

毛小雨　中国艺术研究院戏曲研究所研究员

泰戈尔是印度诗圣,他于1913年获得诺贝尔文学奖之后,赢得了世界声誉,也为殖民统治下的印度以及西方人眼中的积贫积弱的东方赢得了些许尊严。从此,这个深谙东西方文化的诗人可以携这个桂冠奔走于世界各国,宣扬以往西方人不屑的东方价值观以及在印度国内设杏坛、广课徒,追求文化教育的独立,以实际行动支持印度的民族运动。

谭云山(1898—1983),一位出生于湖南省茶陵县下东乡长乐村一书香之家的中国知识分子,一位致力于新文化运动和国际教育运动的有为青年。他1915年考入湖南省立第一师范学校。他积极参加进步活动,加入毛泽东等创建的新民学会和文化书社。还组织了文学团体——新文学社,编辑《新文学》周刊。1919年从一师毕业后,进入长沙船山学社从事学术研究。1924年远赴南洋留学、谋职,辗转新加坡、马来西亚。他一面以教学为生,执教于南洋华侨学校;一面致力于写作和学术研究,出任《华文日报》主笔。1927年,谭云山在新加坡与诗圣泰戈尔会面,不仅成为忘年之交,而且也搭起了中印文化在现代沟通的"金桥"(季羡林语)。

1924年,泰戈尔在中国友好人士的热情邀约下,踏上了这个他心仪已久的东方文明古国。在长达五十多天的访问中,泰戈尔做了几十场演讲,在中国知识界掀起阵阵波澜,拥戴者认为泰戈尔的思想充满了东方智慧与魅力,而反对者则认为其思想是那么不合时宜,是虚幻的梦呓。笔仗打得不亦乐乎。

谭云山,作为中国杰出的教育家和文化使者曾经说过:"自从我童年时代开始学习那天起,在我心目中总是有中国和印度这两个姊妹国家……中印关系是重中之重。"①

泰戈尔在访问中国和在国际大学中国学院成立仪式上就反复讲过:"在印度,我们是被打败的民族,在政治、军事、商业等领域,我们没有权力。在物质方面,我们无力帮助你们,也不会伤害你们。但我深感荣幸的是,不管风云如何变幻,作为客人、朋友、兄弟,我们永远站在你们一边。"②同时还提到:"敞开印度的胸怀迎接世界。"③正是在这种思想导引下,在泰戈尔心中,他勾画了建立中国学院的蓝图,但美好的蓝图要切切实实地变成高大的建筑却是需要脚踏实地地工作才能实现的。谭云山在与泰戈尔会面之后,开始了一项有着重大历史意义的工作。这是一个未知结果的工作,需要有一种知其不可为而为之的精神,还需要带有一点理想与乐观色彩,需要相信自己一定能实现愿望的达观精神。谭云山这么想了,也这么做了。

一、国际大学为中国学院的建立提供了平台

众所周知,国际大学是泰戈尔自筹资金按照他的教育思想建立的一所大学,尽管建校之初,因陋就简,以天地为屋宇,以树荫为教室,但它传印度传统文化之道,播艺术理想之花,不受英国殖

民政府的约束,所以,该校为谭云山发挥自己的才能提供了一个广阔的天地。

当泰戈尔的构想与谭云山的思路碰撞在一起的时候,达到了完美的契合。于是谭云山开始奔走于中印两国,希望为这所大学增砖添瓦。终于,功夫不负有心人,经过从1924年泰戈尔访问中国有初步的构想,到1937年4月14日正式建立,谭云山为中国学院奔波多年,居功至伟。国际大学没有那么多条条框框,将建院任务委之于年轻的谭云山先生,可以说,这是泰戈尔与谭云山所搭建的中印文化交流的"金桥"的最具体的成果。

二、谭云山的个人性格成就了中国学院

谭云山的好朋友、给泰戈尔做了多年秘书、印度独立后的第一任外交部副部长钱达(Anil Chanda)喜欢当着谭云山夫妇的面说:"教授是最不现实的人。"谭云山在1932年《印度周游记》出版时写的"记前"中有一段话:"我来印度,还是在四年前。原来的计划,是想纵不能如玄奘大师留居那么久,至少也要以五六年的时光消费在印度。"[④]这是谭云山原来的计划,没承想,谭云山最后不仅把家安在这里,自己也终老天竺。没有打算像玄奘待那么长时间的他,却比任何一个曾经到印度取经的高僧待的时间都长。并且,他还说,自己到印度去不像法显、玄奘那些大师,他们是为取经而来,而自己则是"取经传道"者,他在印度传的是"孔孟之道",即中国文化是也。

钱达先生说的"最不现实",其实是指谭云山为了理想不计较个人得失,不瞻前顾后,勇猛精进的精神。早期的国际大学是只管食宿没有工钱的,谭云山还要靠夫人的接济才能维持生活。这种"赔本赚吆喝"的事情,如果没有执着的念头,不达目的誓不罢休的"湖南

牛"性格，绝大多数人是不会干的，那么中国学院也绝对不可能建立。

三、中印学会的独特作用

如谭云山先生之子谭中所言，中印学会（Sino-Indian Cultural Society）的成立为中国学院的诞生起到了决定性的作用。她是中国学院在中国的组织保证。

1931年，谭云山受泰戈尔委托回到中国。他找到蔡元培寻求支持。蔡元培作为博学鸿儒与社会活动家，在中国有极强的社会活动能力和感召力。谭云山向蔡元培转达泰戈尔的愿望，请他出面，成立中印学会，支持泰戈尔的国际大学加强中印文化交流。蔡元培对泰戈尔非常敬重，他拍板定案，同意由他出面，与知名人士如太虚法师、梁漱溟、徐悲鸿等组成中印学会，他也同意担任会长，当时叫理事长。谭云山担任秘书，负实际事务责任。

就这样，蔡元培成为中印学会的第一任会长，提请政府资助泰戈尔办中国学院。学会决定，派谭云山去印度帮助泰戈尔和他手下的负责人进行规划，提出建立中国学院的具体方案，由中国政府协助实施。在中印学会具体组织支持下，谭云山又促成该学会在印度成立。印方负责人就是泰戈尔。并且谭云山回到圣地尼克坦时，带来了在中国募集的5万卢比和10万册中文图书回到国际大学，从资金与图书资料方面给中国学院的建立以可靠的保证。

1941年泰戈尔过世以后，尼赫鲁答应了谭云山的要求，成为"中印学会"的名誉主席，还于1945年亲自到中国学院主持过一次"中印学会"的年会，他在年会上发表的讲演现在变成中印友好的经典文献。1951年国际大学变成国立大学以后，已任印度共和国总理的贾瓦哈拉尔·尼赫鲁还担任大学的校长，每年至少来大学一次主持年会及毕业典礼。由于泰戈尔和尼赫鲁等伟人的参与，中印学会吸引了不少印度著名人物参加。如印度独立后的前三任总统都曾经是中印学会的会员，他们分别是：拉金德拉·普拉萨德、萨瓦帕利·拉达克里希南、扎基尔·侯赛因，这种情况可能在各种学会中都无出其右者。

通过以上所谈，我们得到这样的启示：

中印作为两个相邻的世界上人口最多的文明古国，需要重新恢复中印学会这样的学术机构以促进了解；需要两国互设更多的像中国学院这样的文化机构来传授中印文化。目前，需要促进民间交往，拓展公共外交的渠道，给予在民间交流中做出重大贡献者以信任和权力。

总之，泰戈尔与谭云山以及他们在中印文化交流方面的结晶——中国学院，到现在都在给我们以启迪并起到示范作用。面向21世纪的中印文化交流如果能有长足的进展，需要两国人民和知识界人士的全面参与，需要一批不图名利、勇于吃苦、默默实干的人。就像谭云山写的《中印箴铭》那样：

　　立德立言，救人救世。
　　至刚至大，有守有为。
　　难行能行，难忍能忍。
　　随缘不变，不变随缘。[5]

注释：

① 拉奥琦：《论罗宾德拉纳特·泰戈尔的印中视角：21世纪展望》，《今日印度》特刊，总111期，2011年5月。

②③ 泰戈尔著、白开元编译：《跟着泰戈尔去旅行》，安徽文艺出版社2007年版，194页，219页。

④⑤ 黄绮淑：《谭云山情系天竺》，见谭中主编《中印大同：理想与现实》，宁夏人民出版社2007年版，249页，251页。

谭云山先生与他的《印度周游记》

王邦维　北京大学印度研究中心主任

我第一次知道谭云山先生的名字，是在18年前。那时我从四川来到北京，在北京大学的南亚研究所做研究生。一半是学习的需要，一半也由于个人的性情，我大半的时间都消磨在大学的图书馆里，找书、读书。图书馆里凡是与印度有关的书，我都想找出来，至少翻一翻，了解了解。其中，给我留下深刻印象的，就是谭云山先生的《印度周游记》。

我们大学图书馆所藏的那册《印度周游记》，1933年在南京出版，书名由蔡元培先生题写。书很旧，纸已经发黄，看得出来，曾经被不少人读过。我到现在还记得书中所附的照片，其中的第一幅，是甘地的一张照片。照片上的甘地，面容清癯，上身赤裸，腰围一条白布，蜷坐在地上。照片下有谭云山先生写的一段话：

（甘地）先生原为富贵子，但现在则无所谓财产，无所谓家庭。其夫人儿子，皆随之奔波无定，席不暇暖，以从事民族革命与改造国家社会事业。衣料皆自纺自织，而少缝裁。暑时，仅下身围以布；寒时，再上身披以巾。无论行至何处，皆携纺车与俱。印人晋见者，均易衣"甘地衣布"，从未有穿西装着洋服者。即欧美人士往见，亦多如之。饮食简单菲薄。食品以羊乳蔬菜为主。杀牲吃肉，是所绝戒。

那时"文化大革命"结束还不久，我虽然知道甘地，但知道得不多。我读过的讲到甘地的书或者文章，大都是批评的部分多，肯定的部分少。这却是我见到的第一部完全称赞甘地的书，虽然这本书已经出版了这么些年。我略略有些惊奇，同时也很有兴趣地读了下去，用当时的话说，有一点儿要想"解放思想"。

从谭云山先生的书中，我从另一个角度了解到了许多关于甘地的人和事，一时很有新鲜之感。我还记得书中有这么一节，谭云山先生讲到他去拜访甘地，甘地对他有一段谈话：

我因为自己国家的问题太多，没有功夫专心去研究中国底事情。但我知道，中国底历史与文化，是很悠久很丰富的；中国底民族，是很伟大很和平的。这种伟大和平的民族，将来定能替世界担当和平的大责任。

中国只要内部能够和好，依着真理，用和平的方法来应付国家困难，我相信中国是可以立刻得救的。

坦白地讲，我当时的想法是，甘地先生的话，头一段当然说得很好，而第二段虽然也好，但是不免有些天真。可是，我后来却渐渐明白了，与一般所谓的"政治家"或者说政客完全不同，甘地真正是印度乃至于世界历史上一位伟大的人物。他的主张，他的精神，他的人格和魅力，都很伟大。这种伟大，其中的一部分，就在于他的天真。

只可惜这个世界上虚伪，或是假天真的人太多，而真正天真的人太少。历史又往往以成败论英雄，因此使得许多人觉得这种天真没有价值。

这是我读过的第一种有关印度的游记。谭云山先生在书中讲到他在印度周游的见闻，讲到了印度的过去，也讲到了当时印度的现状，还讲到了中印传统的友谊。它使我大大增加了对印度的具体的了解。

在这以后，我读了更多关于印度的书。我才了解到，谭云山先生为了重新建立和发展中印之间的友好关系，所做的事，大大超过了一般的"周游"。几十年来，他不知疲倦，奔走往来于中印之间，为促进中印友好、为了中印两国共同的反帝国主义反侵略的事业而努力奋斗。他发起并促成中印学会和中国学院的建立，而中印学会和中国学院在两国文化的交流方面所做的工作和取得的成绩则有很多很多。

再以后，我有幸认识了谭云山先生的哲嗣谭中先生。我们多次见面，或是在德里，或是在北京。每次见面，我们谈论的话题，都离不开中印友好、中印研究。每次谈话，我们都非常地愉快。我也有幸到了孟加拉，到了和平之乡，参观访问国际大学的中国学院。我忘不了国际大学树影婆娑、绿茵匝地的校园，更忘不了那里的印度朋友们欢迎我们时的热烈场景。中国学院的师生们为我们的来访专门举行集会，会上热情地邀请我讲话。我在讲话中提到了谭云山先生。我们与和平之乡的印度朋友们一样，没有忘记谭云山先生为中印友好所做的一切，就像我们永远不会忘记法显、玄奘和义净一样。我们都为今天中印之间良好的关系而高兴、而祝福。

1998年是谭云山先生的百年诞辰，当时我又忆起谭云山先生书中的一段话：

是的,"中印这两个姊妹国家",这是我自幼读书以来,即念念不忘的。我总觉得:印度这块地方,是不可不到的,印度这个民族,是不可不注意的。而与中国的关系,更是特别重要中的特别重要的。在过去两国文化历史上的关系,权且不说,专就现在的时势而论,我坚决地认定:无论讲世界和平也好,讲世界革命也好,讲人类文明也好,讲人类亲善也好,如果中印这两个民族不切实联合,共同努力奋斗,这种目的是断断达不到的,而且是无法进行的。

谭云山先生写这一段话,已经是在81年以前。81年来,世界有了巨大的变化,中印两国也有了巨大的变化。我们不仅都得到了解放,各方面还取得了大的进步。我们现在同处在一个新的时代。21世纪的今天,和平和发展成为当今世界的主流。我们所有希望中印友好的人,不管是中国的朋友,还是印度的朋友,用于右任先生在谭云山先生书前的题词讲,都是"中印民族和中印文化的联络者"。我想,如果我们共同努力、共同奋斗,把发展中印友谊的事做好,就会是我们对谭云山先生最好的纪念。

文明、中国学院与我的神：
罗宾德拉纳特·泰戈尔与谭云山

[印度] 拉杰特·坎塔·雷伊　印度国际大学校长

1924年夏，罗宾德拉纳特·泰戈尔抵达中国，受到了史无前例的欢迎。[1] 当时，梁启超在北京说："人们会记得他抵达北京那天前门车站迸发的热情，从来没有其他外国客人受到这样热情、这样真诚的欢迎。"[2] 泰戈尔在北京大学演讲时说，只要能在那里找到一个接受他的使命的人，他就很开心了。[3]

当时泰戈尔并不知道自己的中国之行会引发一系列事件，对13年后谭云山在圣地尼克坦创办国际大学中国学院起了决定作用。谭云山就是泰戈尔在中国文化之旅中苦苦找到的那个人。谭云山并不是泰戈尔在北京演讲时的听众，直到多年以后，这位诗人的使命——促进世界上最古老的两个现存文明之间的文化联系——才开花结果。这项使命最终以谭云山对印度的回报之旅而告终。中国学院的最终落成象征着13年前中国人民对泰戈尔的敬意。谭云山为泰戈尔这位导师所作的贡献真实地反映了中国人民对这位南洋来的诗人的深情厚谊。古代中国朝圣者玄奘将印度文明带回中国，而现代中国朝圣者谭云山则将中国文明带到印度，使这一轮回圆满完成。

让我们再回到1924年。当时泰戈尔呼吁中印两国恢复1300年前的精神交流，中国的一些进步知识分子和爱国者对此反应激烈。他们担心泰戈尔的唯心论不利于中国的物质进步和独立自主。的确，泰戈尔向中国的教师和学生提出他自己的想法的方式引起了他们的误解和恐惧。因为当时泰戈尔以反对"国家主义"、倡导"文明"而名扬天下。因此，一些激进的中国知识分子认为泰戈尔支持历史悠久、源自东方的精神性学说。他们认为泰戈尔反对科学、现代化以及国家。这是对泰戈尔的误解。他曾对南京学生明白表示，科学即"真理"[4]，还在北京的北海公园告诫青年男女说，没有科学的创新，文明将会停滞不前，成为一面之词。他说："科学赋予我们思考的力量"[5]……他十分清楚过去科学技术对中国文明所做出的贡献，并且明确指出西方在现代历史早期的关键时刻曾引用中国的科学发明。他对清华大学的学生说："你们可能会说：'我们想要进步'，然而，过去你们曾创造过了不起的进步，你们的伟大发明为其他民族所借鉴。"[6]其实，他的意思是仅仅依靠科学并不够。如果宗教不能与科学同步发展，文明将会迷失方向。然而这并没有抚慰中国年轻一代的不安。一位没有提到名字的大学生要求泰戈尔给出信仰神的理由。泰戈尔给了他理由，但是理由与"顿悟"并不是一码事。最后泰戈尔只好告诉那些不耐烦的听众，他的宗教信仰源自"想象而非知识"。[7]

当时没有人知道，他与中国人民交流的是他最严格保守的秘密。他用孟加拉文写的所有自传都谨慎地避开了这个话题。他也没有在获得诺贝尔文学奖时谈过这个话题，尽管他心里明白是"顿悟"促使他用英语写出了《吉檀迦利》（正是这部作品使他获得了诺贝尔文学奖）。1921年，他在瑞典发表姗姗来迟的"诺贝尔奖获奖感言"时都没有泄露自己生命中最重要的秘密[8]，更别提获得诺贝尔文学奖那年了（也就是1913年）。他在西方世界第一次谈论"顿悟"是1930年他在牛津大学举办以"人的宗教"为主题的希伯特讲座时。那时候他才决定用自己的母语孟加拉语谈论这个话题。那里到处是苛刻的批评家。两年后,他将英语版的希伯特讲座译成孟加拉语。那时候,他才谈到了顿悟。那之前,他在国外对学识渊博的牛津听众就此做过说明。因此,令人好奇的是,早在六年前他就对中国听众谈过这个话题,当时他说的话与后来在希伯特讲座中所说的几乎一字不差。

细读英文版和孟加拉文版的《人的宗教》,我们就可以对泰戈尔所说的"顿悟"有所了解,但令人惊讶的是,大部分泰戈尔的传记都忽略了这一点。⑨泰戈尔29岁时(1890)被父亲派到位于孟加拉东部(今孟加拉国)的帕德玛河谷管理家族产业。6年前(1884),他敬爱的嫂子迦登帕莉·黛维自杀身亡,令他悲痛万分。在抵达孟加拉东部农村这片河流冲刷出的平原之前,他一直不能接受这个事实,也不能平复自己巨大的悲痛。1890年或1891年雨季的7月,他住在位于夏萨德普尔的家族庄园时,有过一次突如其来的宗教体验。那天,他完成上午的工作之后,从楼上办公室的窗户俯瞰下面的运河,准备过会儿去洗个澡。运河的另一端乌云密集,水从洪水泛滥的河里涌进干枯的运河中,使船只漂浮起来,一些男孩子吵闹着往岸上拽一条船。

这时,某个念头毫无征兆地出现在他脑海中——不是外界发生的事情,而是心里产生的感觉。年轻的诗人忽然之间意识到自己体内的灵魂在躁动。他发现自己终于可以远离年少时的忧伤了。那一刻,他找到了属于自己的宗教。他在希伯特讲座中将此命名为"人的宗教"。在这种个人信仰中,神体现在人性中。这并不是一种以对某个神的集体崇拜为核心的宗教。他在顿悟的那个重要时刻,意识到自己体内有一个人爱他并接受他的爱。他将这个人称为"我生命中的神",这个神接受他的一切苦难并分开看待这些苦难。那一刻,他的思绪仿佛是一列突然驶来的火车穿过他的脑海，如同"一辆载着未知国度的财富的陌生车辆"。⑩

有关希伯特讲座的内容到此为止。泰戈尔巧妙地将他生命中最重要的这件事隐藏在一个抽象的框架中。3年后，他将此英语讲座翻译为孟加拉语。后来，他又补充了一个具体的细节，也是巧妙地隐藏在抽象的事物中。他用高度抽象的散文叙述一件奇特的事情，而不只是一列抽象的思想列车。这位年轻人明显感觉到他体外有个人同自己并肩站在窗边，俯瞰下面的景物。因此，他才可以用同样的剥离方式看待自己的痛苦。他知道，站在自己身旁的那个人是存在于外部的一个观察者，他用联系的方法看待一切事物，并将其作为一个整体对待。这就如同释迦牟尼在菩提树下顿悟一般，即使是只发生在脑海中，也是一次重要的事件。这次事件用充满诗意的散文叙述，如果不仔细读，读者可能不太能领会其中的含义。

现在让我们回到他在中国所做的令人惊讶的讲演。当时，那个思想进步的中国青年十分不耐烦地对他的宗教观提出批评，这促使年迈的泰戈尔不情愿地提到了自己一生中最重要的事件。不过，他小心地将自己的经历隐藏在三十四五年前自己第一次顿悟的过程中。那位年轻人并不知道他所带来的非凡的荣幸，因为他的防备姿态使泰戈尔用随意且反对的方式谈起自己的顿悟。但是这个事件具有历史意义，因为这是泰戈尔第一次公开谈论这件事。总之，为泰戈尔写传记的那些作者未能将他对中国听众做的讲演与他在牛津大学的讲座（1930）以及孟加拉语版的《人的宗教》（1933）联系起来。结果是，在官方的泰戈尔传记中很难找到提及他一生中最重要的这次事件的地方。在那次后来被遗忘的与中国年轻人的谈话中，泰戈尔披露了自己的秘密，也隐藏了在当时的文化历史上具有首要意义的一次事件。他生命中的神就是这样出现的。尽管他将 Jivanadevata（这是抽象的神的个人的一面）译为"我生命中的神"，但对他来说，大部分时候这个神秘的人是他的女神。[11]

含蓄的泰戈尔对自己的顿悟并未透露细节。然而，这次经历的事实根据却存在。"那时，我住在一个村庄里"，他并未对中国听众说明具体的时间和地点。事实上，那是一个雨季的上午，时近晌午，这位年轻的地主，当时在位于浩浩荡荡的帕德玛河流经的山谷中的庄园里，他站在楼上的窗户旁，看乌云密集，看河水涌进运河。当时，他在一层的办公室里刚做完那天上午的"寻常琐事"。在去洗澡之前，他在窗户旁待了一会儿。他看着那条干枯的运河岸边的集市（为了叙述方便，他称之为"干枯的河床"，但事实上那条运河的河床很快就被水填满了），说："突然之间，我觉得我体内的灵魂在躁动。"他的世界开始明亮。本来"单独且模糊的"事情（他指的是自己不能平息的哀伤）联系在一起，使我得到了冷静而整体的了解（准确地说是"找到了整体的含义"）。在那之前，他一直在迷雾中漫无目的地摸索。在顿悟的瞬间，他发现自己就站在自己的房前。他的意思是，在顿悟的那一刻，他找到了自己的个人信仰，即人的宗教。他与往常一样小心翼翼地将此隐藏在一个隐喻中。他的思想完全沉浸在神示的整体性中，就像儿时为了那落在树叶上的雨滴而欣喜若狂一样。而今，在即将步入中年之时，他生命中的"事实"（指他敬爱的嫂子自杀等事）对他而言忽然成为"真理的闪光点"。这发生在他在"那个村庄里的那天上午"，那一切如同"波浪"涌向"无边的海洋"一般闪进他的脑海。诗人回想起自己顿悟的这一刻时，对中国听众说："自那时起，我开始相信，在我所有对自然或人类的体验中，精神现实确实存在。"[12]

泰戈尔就是这样对中国听众描述自己精神生活中最重要的这次事件的，他用抽象的形式将这次事件包装起来，没有透露任何细节。

如今，这是一件记录在册的事情，需要与希伯特讲座及其孟加拉语版紧密联系才能明白其含义。过去发生的一切都具有重要意义。这是泰戈尔第一次谈到他生命中的神出现的那一刻，而且似乎他那时起所做的一系列事情最终导致谭云山创办国际大学中国学院。似乎是命运安排泰戈尔的中国之行以谭云山到印度定居以及中国学院在圣地尼克坦建成而结束。

需要补充的一点是，泰戈尔认为"命运"是"我生命中的神"的别名，是指引他的生活和工作的女神。他认为，出于某个他不能预见的目的，这位女神神秘地操纵一切。正因为如此，他才得到谭云山的效劳。他发展对古代中印文化关系研究的梦想也是通过这样令人意外的方法实现的。诗人希望在圣地尼克坦修行苑建造一块新的人文之地。他和谭云山深信，这一计划可以为人类提供一个比帝国主义在全球称霸更好的选择。恢复中印之间古老的文化联系可以给人类提供一条避免帝国主义侵略和当时国际关系中横行的强权政治的道路。

谭云山出生在中国湖南一个信仰宗教的书香门第，他通过刻苦学习成为一名学者。[13] 为了生计，他和许多中国东南部的同龄人一样移居到新加坡，并在那里找到一份中学教师的工作。他身着中国学者穿的传统的黑色长袍，后来他在圣地尼克坦担任国际大学中国学院院长时设计的房子和花园也是典型的中国学者的房子和花园。

1927年，泰戈尔访问新加坡时，两人第一次见面。当时，泰戈尔正在为自己在圣地尼克坦创办的大学寻找一位合格的中文教师。在那之前，法国学者西勒万·雷维已经开始在国际大学开设中国学课程，中国学者 Lin Wo-Chiang 博士曾开了一段时间的中文课。但泰戈尔的梦想仍未完成。1928年，谭云山应泰戈尔之邀访问国际大学。他在印度待了3年之后返回中国。

尽管他具有中国学者的自尊心，却依然四处活动，接触要人，为他的导师和国际大学的理想筹集资金，并于1933年在南京组织成立了中印文化协会。1934年初，他再次来到圣地尼克坦，泰戈尔和他的儿子拉斯德拉那斯以及秘书安尼尔·昌达帮助谭云山在印度成立了中印文化协会，他们一起计划在国际大学创办中国学院。同年，谭云山回中国筹集创建中国学院所需要的资金，为中国学院的图书馆征集中文书籍。当时中国方面给了他53000印度卢比作为建设中国学院和收集图书的启动资金。He Yun-Chiao（何云樵）和其他中国朋友捐赠了4300印度卢比作为中国学院的装修费用。

1936年夏，谭云山回到圣地尼克坦。中国学院立即开工建设，为了赶上中国学院1937年4月14日的揭幕仪式，这座美丽的建筑在一年内就竣工完成。泰戈尔的设想和谭云山的组织能力奇迹般地恢复了1300年前玄奘的朝圣之旅所建立的中印文化关系。这使得两次大战之间的世界帝国主义的势力范围面临来自另一个地方的挑战，那个地方建立在世界上最大的两个现存古老文明的关系重启的基础之上。当时国际大学的经费紧张，不能给谭云山发薪水。中国学院成立之后的头12年，谭云山是为学院义务工作的院长，他没有从国际大学领取过一分钱。他创办中国学院的头几年靠在马来亚当老师的妻子支持。独立后的印度政府接手国际大学的财政支出，这样谭教授才领到了中国学院院长的薪水。1957年，中华人民共和国总理周恩来来到圣地尼克坦，向中国学院捐赠60000印度卢比用于泰戈尔的纪念活动以及其他用途。

泰戈尔在国际大学中国学院的揭幕仪式上发表演讲时说道，古代世界的两个最杰出的民族相逢了，"不是作为战场上的敌人，各自宣称自己才有权成为地球上唯一的暴君，而是作为纯洁的朋友，互相交换礼物"。他的讲话并未到此为止，而是继续讲了当代世界的需要。

泰戈尔及其弟子谭云山希望国际大学及中国学院成为相信人类团结一体、"来自东西方所有国家的人们相会的地方"。

在这一背景下，在谭云山领导下，国际大学中国学院成立20周年时开设了日语系和印藏研究系，这具有重要的意义。成立第一年，学院就重点发展佛学、中文、印地语和藏语。当然，其主旨是为了"建立并促进中印之间的文化交流"。

泰戈尔在中国学院揭幕仪式上再次引用13年前他在中国时经常引用的老子的话"有德司契，无德司彻"，这句话成为谭云山一生的座右铭。泰戈尔生前曾到过许多国家，但唯有中国之行取得了谭云山在圣地尼克坦创办的中国学院这样的具体成果。因此，泰戈尔可能真的感觉到了他生命中的神——他最喜欢用这个名字称呼命运——隐藏在创建中国学院之后的那只手。谭云山的中国追随者认为，他"在印度和中国永远有化身"。如果不研究泰戈尔和谭云山的精神信仰，历史学家可能仍然会认为1890—1891、1924—1937年之间的联系只是出于巧合。似乎是命运将出现在年轻的泰戈尔的庄园中的神，和年迈的诗人在中国之行中第一次提到的那次神秘事件，以及谭云山创办中国学院在印度获得重生联系在一起。

注释及参考:

①⑧ 泰戈尔在上海所作的告别演讲,收入《罗宾德拉纳特·泰戈尔的英文作品》,新德里,1996年,卷二670页,卷三961—966页。

②③④⑤⑥⑦《在中国的谈话》,572页,685页,647页,655页,656页,593页。

⑨ 更多有关泰戈尔人生中这次关键的"顿悟"的讨论,请见拉杰特·坎塔·雷伊:《罗宾德拉纳特:成长的自我和改变的世界》,《泰戈尔纪念卷》(150周年诞辰,国际大学),即将出版。

⑩ 拉杰特·坎塔·雷伊:《人的宗教》,载《我生命中的神》(RabindraRachana Samkalan),2010年,加尔各答,186—188页。

⑪ 例如,在泰戈尔 Sindhupare 一诗中,"我生命中的神"的形象是一位骑在黑马上的蒙面女性,这可能是直接从梵语译为英语,意为他的女神。JD,61—65页。

⑫《在中国的谈话》,载《罗宾德拉纳特·泰戈尔的英文作品》,卷二,540页,674页。

⑬ 关于国际大学中国学院和谭云山的以下叙述选自谭云山1957年代表中印文化协会写给尼赫鲁的《国际大学中国学院的二十年历程(1937—1957)》。有关谭云山的生平信息选自谭中代表英德拉·甘地所编的《踏着玄奘的脚印:谭云山与印度》一书,1997年,新德里,英德拉·甘地国立艺术中心。

谭云山与罗宾德拉纳特·泰戈尔之间的互动：印中文化共生之旅

〔印度〕邵葆丽　尼赫鲁大学中文系主任

今天我们纪念谭云山教授的生活和工作，因为他是印中友谊的不朽代表人物之一。说他是现代玄奘真是恰如其分，因为他毕生致力于传播知识、恢复并宣扬印度与中国之间古老的文化对话。我很荣幸能利用这个机会在这里向这位大师表达我的敬意，他为一代又一代的印度学者，包括我在内，留下了无价之宝，启迪我们到中国来学习。

谭云山教授1898年生于湖南省。当时中国正要开始一个意义非凡的世纪。在这个世纪里，中国从一个半殖民地半封建社会转变为一个共和国，最终成为人民共和国。在这个世纪里，中国经历了不断探索传统与现代之间的平衡的艰难旅程。谭云山教授接受过中国哲学、历史、文学、中西方比较教育、西方哲学和文化以及佛教思想和文化等方面的教育，1924年他前往马来亚大学，打算在那里教4年书，再到印度学习5年佛法经文，之后到欧洲学习3年，最后回中国继续印中文化交流方面的教育工作。因此，他被称为"现代玄奘"并非偶然，他十分清楚自己想要踏着那位伟大的僧侣的足迹，找回那早已被遗忘的印中文化交流之路。①

1927年7月的一天，谭云山和罗宾德拉纳特·泰戈尔在新加坡相见。当时这次会面可能十分寻常，因为泰戈尔在国外见了各行各业的众多人士，但并没有多少对20世纪产生了重大影响，更没有几次会面像这次会面一样因为重新架起两个文明之间的桥梁而具有历史意义。受泰戈尔之邀，第二年谭云山即前往印度，加入位于圣地尼克坦的国际大学，从此开启了其毕生致力于印中互动以及两国知识和文化共生的旅程（共生是用来描述共同性和同时成长的术语）。这一点已为众多研究泰戈尔的知名学者所证实。以下为引述：

> 罗宾德拉纳特·泰戈尔曾经觉得自己不能忍受周围那些天才与生俱来的活力，但他认为值得记住的是那些为了某项事业——某个特定的价值——贡献终生的人。谭云山教授出人意料地在印度大放异彩，完全献身于中印文化和谐这项充满魅力的事业，罗宾德拉纳特对此发挥了关键作用。国际大学中国学院这座具有重要意义的建筑位于圣地尼克坦学园的核心位置，现在依然铭刻着那形象生动的言辞，那是他全心全意奉献的内在活力之外在表现。②

泰戈尔创建国际大学的用意源自一句吠陀名言"愿世界会聚为一个鸟巢"③，谭云山是第一只从远方飞来的鸟，而中国学院则是国际大学的第一个鸟巢。谭云山接受泰戈尔的邀请，成为国际大学的中印研究教授之后，被委以建立国际大学中国学院的重任，要把中国学院建成为实现他们共同梦想的理想殿堂，建成印度第一个中国语言、文学和文化学习与研究中心，建成现代印中文化交流的第一个象征。这个任务早已超出如今成为中国研究的这一学科的学术建设，还包括多次辛苦奔波于印度和中国之间以筹集资金这样单调的任务。更为重要的是，谭云山为这项事业所做出的努力是建立在促进对两国当代社会和文化的认识与了解的基础之上，以强调中印文化交流面临"再度被遗忘"的危险为根基④。换言之，谭云山发现泰戈尔是一位卓有远见的导师，而泰戈尔则将谭云山看做是自己创建的国际大学的化身，是一位世界工作者，一位能"置一切个人利益和风俗习惯于不顾"的人类文化的真正建设者。可以看到，"谭云山所具有的梦想家与行动者的特质慢慢地占据了主导地位，使之前设想的其他一切计划都被搁置起来，甚至被遗忘掉。事实上，是谭云山被罗宾德拉纳特及其远见所主导了。这位诗人的梦想和在他那刚刚萌芽的学校中相互融合的人们的梦想在中印研究的探索旅程中第一次被付诸实践，而谭云山恰好就是那个建筑师。"⑤

谭云山在往返于印度和中国之间为国际大学中国学院筹集资金的几十年中还发挥了另外一项非常重要的作用，那就是做两国人民的使者，这具有特别重要的意义。一方面，具有传统根基的两国当时都在努力向现代社会过渡，试图在传统与现代之间找到合适的平衡点；另一方面，两国有相似的历史经历，都必须争取独立自主的权利，在当时动荡不安的世界中都面临无数地缘政治带来的挑战。谭云山正是在这段艰难的历史时刻将印度人民的爱和支持传递给了中国人民。特别是日本侵华期间，泰戈尔与日本诗人野口米次郎对人类文明价值观进行激烈辩论时，谭云山向中国人民传递了泰戈尔、尼赫鲁和苏巴斯·鲍斯等印度名人对中国的支持。

泰戈尔和谭云山所做的这些努力既包括筹集资金活动，也包括1933年在中国南京和1934年在印度圣地尼克坦创建中印文化协会。1944年，谭云山在给中印文化协会正式宣言的介绍中写道："印中之间的文化关系的确是人类历史上罕见的现象，世界上再没有两个国家有这样的关系，这真是人类交往与国际交流史上的奇迹……然而不幸的是，非常不幸的是，印度与中国之间的这种文化接触与关系后来被遗忘了，这可能是由于生命轮回和环境变迁的原因。过去几个世纪中，两国之间的通道充满黑暗，为冷漠堆积起来的尘埃所覆盖。即便如此，从精神角度来说，我们对彼此的爱与同情却从未停歇，尽管两国之间的正式关系存在某些问题……因此，我们今天的责任不仅是要恢复两国之间古老的友谊与联系，而且要创造印度和中国这两个伟大的国家之间新的接触和关系。我们不仅要找到那条古老的通道，沿着它前进，还要创造自己的道路，让后人沿着这条道路前进。"[6]

国际大学中国学院以破纪录的时间完工，于1937年4月14日落成，这一天可能恰好是孟加拉新年的第一天。但早在那之前，位于中国的中印文化协会在1934年就已经购买并向国际大学中国学院捐赠了十万多卷中文书籍，内容涵盖佛教、中国经典著作、历史、哲学、文学和艺术等领域。泰戈尔为中国的热情反应所折服，他为国际大学中国学院指定了地点，1936年中国学院动工建设。此后数年，众多研究佛教和中国文学与哲学的学者从中国和泰国来到国际大学中国学院，他们把中国学院当做自己的家，在这里从事进一步研究和教学工作。在泰戈尔的不断鼓励和谭云山的不懈努力下，国际大学中国学院成为经久不衰的印中文化联系的体现及两国文化的学习中心，这正是国际大学中国学院成立的宗旨。这种文化共生性使印度与中国的文化联系得以恢复。泰戈尔在国际大学中国学院的落成典礼上说："对我来说，这的确是一个伟大的日子，是我长久以来所期盼的一天。现在我可以代表印度人民履行我们的历史流传下来的承诺，承诺保持印度人民与中国人民之间的文化交流与友谊。"[7]为此，泰戈尔还特地印刷并分发了三首歌曲，在其中一首歌曲中他通过追溯人们对上帝的共同信仰和忠诚来表达对国际大学中国学院的祝福：

噢 伟大的灵魂，我们祈求您
保佑这修习之地永远纯洁，
我们会永远将您的美德，您的影响
和您伟大的理想
铭记于心。⑧

  1941年，身在加尔各答的泰戈尔病重。他致力于文明和文化朝圣之旅，心系国际大学的实际运作和物质需要，这些影响了他的身体健康。谭云山在泰戈尔病榻前陪伴多日，祈祷他复原。1941年8月7日，泰戈尔逝世，谭云山失去了一位良师益友，失去了一位真正理解现代印中文化交流的作用及其重要性的有识之士，失去了一位了解国际大学中国学院重要性的梦想家。但谭云山仍然继续完成泰戈尔托付给他的重任，他将余生用于实现自己和泰戈尔的共同梦想，用于发展印中文化研究及壮大国际大学中国学院。1971年从国际大学退休后，谭云山开启了另一项文化工程，在菩提迦耶创办了世界佛学苑。从很多方面来说，这是对泰戈尔的"世界大同"思想的扩展。谭云山自此一直生活在菩提迦耶，为这项文化工程工作至1983年去世。与古代来印度朝圣的中国僧侣不同的是，这位现代玄奘并未回到自己的祖国，而是在泰戈尔的"世界的鸟巢"为自己找了一方栖息之地。以下为引述：

  换言之，古时候中国那些著名的"投荒白马"最后都像候鸟一般从印度返回中国去了，但谭云山是唯一一个例外。这其中最根本的原因是谭云山来到泰戈尔构筑的一个鸟巢的世界后就定居下来了，再也没有返回故乡。由此可见泰戈尔对谭云山的影响！⑨

　　跌宕起伏的一生，毕生的朝圣之旅，为了一个古老的承诺而延续半个多世纪的全心奉献和艰苦工作：归根结底，这一切皆源于谭云山与泰戈尔与命运订下的约定，他们一起丰富并实现共同的梦想，通过文化共生之旅延续梦想，这是建立在对印中两国人民之间的精神与文明纽带的共同信仰之上的。用谭云山的话来说就是："我一见到罗宾德拉纳特，就觉得他就是佛教之都的代表和象征。1928年第一次到圣地尼克坦之后，我对他的了解不断加深，对他所做的事也知道得更多。对他的了解越多，对他的敬仰也更深。慢慢地，我越来越坚定地追随他和他所从事的事业。我个人的卑微之志是印度与中国这两个姐妹国家应当再次走到一起，通过作出文化贡献和共同合作为实现世界和平及人类友爱而努力奋斗……在两国之间创造新的接触和友谊，只有通过展现两国之间历史悠久的友好、和谐关系，才能改造现在充满野蛮、敌意和致命冲突的世界。罗宾德拉纳特·泰戈尔是这个希望的象征，也是实现这些想法的核心人物。正因为如此，我才追随他，把圣地尼克坦当做我的第二个故乡。我知道，我所做的一切微不足道，对他的伟大事业没有什么帮助，但我非常高兴自己能有这个福气、机会和权利可以在他身边生活。"⑩

注释：

① 有关谭云山生活的基本信息见谭力：《谭云山生活札记》，载谭中：《踏着玄奘的脚印：谭云山与印度》，新德里，英迪拉·甘地国立艺术中心1999年出版，4—12页。

②⑤ Bhudeb Chaudhuri"谭云山：罗宾德拉纳特创办的国际大学之化身"，载谭中：《踏着玄奘的脚印：谭云山与印度》，新德里，英迪拉·甘地国立艺术中心1999年出版，67页。

③ 这一哲学思想后来成为国际大学的目标和宗旨之基石。

④ 这句话是谭云山最早使用的。

⑥ 引自谭云山：《中印文化协会简介》，载谭中：《踏着玄奘的脚印：谭云山与印度》，新德里，英迪拉·甘地国立艺术中心1999年出版，238页。

⑦ 罗宾德拉纳特·泰戈尔于1937年4月14日在国际大学中国学院开幕仪式上发表的演讲，载谭中：《踏着玄奘的脚印：谭云山与印度》，新德里，英迪拉·甘地国立艺术中心1999年出版，177页。

⑧⑨ 引自黄爱舒：《泰戈尔与谭云山之间的中印兄弟情》（乌玛·达斯古普塔译），载谭中、阿米亚·德夫、王邦维和魏立明主编：《泰戈尔与中国》，新德里赛奇出版印度私营有限公司和北京中央编译出版社2011年版，142页，145页。

⑩ 谭云山1941年为泰戈尔81岁生日所写《我对罗宾德拉纳特·泰戈尔的追随》，载谭中：《踏着玄奘的脚印：谭云山与印度》，新德里，英迪拉·甘地国立艺术中心1999年出版，189页。

谭云山教授：印中文化关系中的菩萨

〔印度〕洛克什·钱德拉　印度文化国际学院教授

为了寻求重于生命的伟大事业，为了践行善良慈悲的人生价值，谭云山教授像候鸟一样从家乡飞到释迦牟尼佛的国土上。他不仅对儒家经典著作中所蕴含的杰出思想了如指掌，还很熟悉佛教内在的启迪作用，对现代欧洲思想的创造力及其对人类生活的丰富和物质需要的发展所起的作用也有一定了解。身体是一切价值观的基石，年轻的谭云山就这样沉迷于西方的现代性。历史与当代是不断地更替共同作用所造成的，或者正如阿毗那婆笈多所言：

时时更新
正是美丽的本质所在。

我父亲拉古维拉教授对那些不畏艰险翻山越岭，穿过沙漠到印度取经的中国朝圣者和学者极其感兴趣。他们从言语和思想中，从经文里和学者身上寻找菩萨的内涵并将其带回中国译成中文经书，这需要何等神奇的力量！这些朝圣者与欧洲学者的想法截然不同。

雅利安人曾侵占印度，亚历山大大帝的征服是印度历史上第一个重大事件，詹姆斯·穆勒提出印度的历史是一部被侵略的历史，从而使英国的帝国主义有了合理的理由。与之相反，中国朝圣者是为了探索印度的思想高度，为了追寻不同于《四书》单中心论的达摩多样性的文化复兴。公元404年智猛来到印度，公元447年回到中国，他对佛教的哲学体系多有研究。公元420年，昙无竭从中国起程，他第一次谈到"石蜜浆"（佛教用语。即冰糖水，为石蜜加水而成。石蜜即冰糖之异称）一词。他漂洋越海抵达斯里兰卡，经苏门答腊岛从海上返回中国。公元400年法显，公元516—523年宋云、慧生，公元629年玄奘，公元671年义净等众多中国人来到佛教圣地印度，到灵鹫山上、菩提树下表示对佛的敬意，他们带着圣人的智慧搜集佛经。谭云山教授是这份历史遗产中一枚闪闪发光的宝石，他的存在将印度人民的远古时空联系起来。对印度人来说，谭云山的梦想和他所做的一切鼓舞我们延续一千多年前的友谊。

中国朝圣者的游记和佛土传记故事，特别是玄奘所写的《大唐西域记》，是研究印度历史的主要来源。没有玄奘的《大唐西域记》，印度考古学就不能启动。19世纪时坎宁安将军在印度寻找考古地点时一直以此为指南。谭云山教授的到来以及国际大学中国学院的创办令印度学术界激动万分，因为他们终于可以接触到与印度历史有关的浩瀚的中文宝藏。

我父亲拉古维拉教授想翻译中文版的《六度集经》（大正新修大藏经第三册，152页）中的《罗摩传》，该书是公元251年由索格底亚那的康僧会从梵文译成中文的。公元472年，吉迦夜与昙曜合作翻译了《杂宝藏经》（大正新修大藏经第三册，203页）。吉迦夜和昙曜在计划开凿云冈石窟中发挥了主要作用。他们将大量佛像引入到中国佛教艺术中。我父亲十分惊讶地发现印度竟然没有中文版的《三藏》，他只好向当时日本东京帝国大学的沃基诃罗教授要两份中文版的《罗摩传》复印件。他拿到复印件之后，又请谭云山教授为印度文化国际学院提供一整套中文版的《三藏》。谭云山教授给了他肯定的答复，3年内，中文版的《三藏》由海上运到印度，海风和海水使这些书籍发潮。即便如此，我父亲拿到中文版的经书时依然欣喜若狂，这是千年以前中国人对佛教思想的再创造。他总是将谭云山教授称为玄奘和鸠摩罗什这两位佛教语言创作的奇葩的化身。他经常将谭教授的思想比喻为纯净的蓝天或《普曜经》中所说的："耆那安住在宁静处——他们的思想如同天空一样纯净。"

谭教授又向印度另外三所机构提供了三套中文版的《三藏》。佛经返回故里，学者们可以在印度国内接触到中国佛教遗产的宝藏，这具有历史意义。谭教授如同释迦牟尼般帮助人们追求、探索智慧。千百年之后，谭教授以菩萨的无私精神将佛经带回印度。他生活俭朴，价值观和冥想在他身上合二为一。我们将他当做是"十六罗汉"之一的化身，他在很多方面象征回报的美德。释迦牟尼将保护达摩的任务交给"十六罗汉"。玄奘翻译的中文版《大阿罗汉难提蜜多罗所说法住记》中，每位罗汉都得到一块住地。如果难提蜜多罗生活在我们的时代，他会将东印度划为谭教授的精神领地，使他重振根除无知的梦想，使他能更深刻地了解人类进化的真正本质，使他传播和平。谭教授赢得了印度心灵最高尚的人们的尊敬。用中世纪时印度一位诗人的话说："盛开在心中的那朵莲花多么美妙！"谭教授如同出淤泥而不染的莲花，他在这个世界上，却不属于这个世界。他生活在物质世界中，盛开在具有象征性的宇宙里。

谭教授沉迷于佛教。千百年来，佛教在佛经的复杂变化中，在神圣的经卷沙沙的翻动声中，在信仰的一体性中发展成长。当神灯与爱融合在一起时，它成为谭教授人生中伟大的朝圣之旅。他的诗

《海畔》除了描写高山上的寺庙、远离尘嚣和他的家乡湖南的河流湖泊,还预言了他未来的人生轨迹:

在遥远的海的那一边,
那古老的国度在召唤我。

拜访佛教圣地恒山时,他的思绪从这个世界飘到阿弥陀佛的那方净土:

让我们徜徉到净土乐园中。

《无量寿经》的光彩是他获得重生的结果。谭教授内心深处的信仰令国际大学中国学院因藏有《三藏》等稀有经书而大放异彩。他为孙子(谭中教授之子)起名为法天,即梵语中的"梵天"。梵天要佛陀向人类传达他的启迪,因此佛教对佛陀的无私和忠诚赞誉有加。泰戈尔病重时,谭教授坐在他的病榻旁为他诵佛经,祈祷他长寿。教授本人的名字"云山"以佛经解释,在《楞伽经》中,"法云地"是菩萨的第十地也是最高的境界。"山"在中文中与寺庙或寺院同义。他的名字表示全心投入以求内心宁静。他孜孜不倦地学习,饮食节俭,个人支出极少,是个素食主义者。从这方面来说,他就是菩萨。用《楞伽经》的话说,他得到了无私的真义。85岁时,他在菩提迦耶往生。是菩提迦耶将他吸引到印度,他人生的朝圣之旅也在这里结束。当时印度总理英德拉·甘地写道:"他忠诚的一生在菩提迦耶结束再合适不过。"他活得高尚,去得也高尚。

谭教授被誉为"现代玄奘"。湿罗迭多和迦摩缕波太子等人对玄奘的成功起了重要作用。同样,谭云山教授也得到了泰戈尔、圣雄甘地和尼赫鲁等印度名人的欢迎。玄奘将印度的味道和给人的感觉，即熏香和扇叶树头榈，带回中国。棕榈叶指的是神圣的佛经，而熏香则指印度虔诚信仰佛教的氛围。谭云山教授为印度带来了大量的中国佛教文学作品，为渴望探索奥秘的印度青年在国际大学中国学院建造了"宝石建的翡翠塔"（诗人 Lu Wen 语）。大约是在公元982年到1001年，法显将湿罗迭多所写的《八大灵塔赞歌》译成中文，该诗保存至今。这位印度国王除了赞美印度的八大灵塔之外，还对中国佛塔表达了敬意。同理，我们也要再次对谭教授收集的文学珍宝所表现出来的非凡才华感到兴奋。

要使谭云山教授设想的世界更具体形象，必须要仔细解读他。建议中印两国政府在圣地尼克坦设立一个中国佛学研究机构。庆幸的是我们已经有这方面的书籍，但需要多长时间才能有这个机构呢？建议两国政府把这些书籍从被遗忘的边缘拯救出来，并邀请教授们对这些书籍进行阐释、寻找以未来为核心的想法。我们不仅生活在现在，也生活在未来。一代又一代的人们也应当以不懈的研究来回报谭教授所付出的巨大努力。

谭云山与印中文明对话

[印度] 狄伯杰 尼赫鲁大学中文系教授

谭云山出生于湖南的一个书香门第。他最初的名字是"启秀"(意思是"开天辟地的天才"),可能在进入位于长沙的湖南省立第一师范学校之后更名为"云山"。据谭云山的长子也就是我在尼赫鲁大学的老师谭中讲,谭云山很可能受到了唐朝诗人王维的诗《桃源行》的启发[①]。在这首诗中,诗人通过"世中遥望空云山"来描绘乌托邦"桃花源"以及佛教中的"空"(Shunyata)的哲理。毛泽东也曾在同一所学校读过书。谭云山加入了毛泽东创办的革命组织"新民学会"。1924年,谭云山离开长沙前往马来亚,向当地新贵的子女们传授汉语和文化。[②]

在谭云山所处的时代,印度被中国人视为一个任人奴役的国家(亡国奴),中国人并不希望效法印度。然而当泰戈尔在1913年获得了"诺贝尔文学奖"的时候,印度的这一形象发生了变化。结果,那个时代的中国的主要知识分子邀请泰戈尔访华。然而,他在中国的激进主义者和左派的思想中激起了轩然大波。他们担心,泰戈尔在中国发表的演说可能使他们偏离革命事业。谭云山非常崇拜泰戈尔。尽管他因为身处新加坡而错过了泰戈尔的中国演说,但他还是于1927年在新加坡与泰戈尔相遇。当时，泰戈尔正在新加坡旅行，而谭云山给泰戈尔留下了深刻的印象。泰戈尔邀请他到位于圣地尼克坦的国际大学担任中国学教授。谭云山欣然同意，于第二年起程前往印度。他在圣地尼克坦生活了3年之后，前往缅甸仰光担任华文报纸的主编。后来再次返回圣地尼克坦，并在那里一直生活到1983年去世。

一、谭云山与中国学院

1918年，加尔各答大学首次引进汉语课程，其目的显然是增进对中国的了解，因为中国在孙中山领导的辛亥革命（一次武装革命）推翻了清王朝（1644—1911）之后，正在崛起成为亚洲复兴的象征。遗憾的是，由于缺乏学生，加尔各答大学的课程被迫中止。正是由于泰戈尔个人对中国的兴趣，国际大学中国学院于1927年建立。谭教授于1928年来到圣地尼克坦，毕其一生致力于建立和强化印度的中国学。

1931年，当谭云山回国的时候，他遇到了蔡元培和戴季陶，告诉了他们泰戈尔的国际大学的设想以及该大学的中国学的情况。同时，他致力于在中国创建中印文化学会，最终获得成功。中印文化学会的中国分会于1931年在南京成立，其目标是为印度的中国学募集资金，用于基础设施建设，并为图书馆购置图书。中印文化学会的印度分会于1934年8月19日在圣地尼克坦建立。

在著名教育家蔡元培、著名佛教学者太虚法师等社会名流的大力支持下，谭云山筹集到了足够的资金用于建设教学楼，购置办公用品。中印文化学会购买了10万多册有关佛教、古籍、历史、哲学、文学和美术的汉语图书。更多的图书是由友人和出版商捐赠的。对此，泰戈尔深受感动。他在校园的中心区域拿出一块最好的地块用于建设中国学研究所。据谭中教授说，如果没有谭云山的"湖南牛"精神，这是不可能实现的。中国学院的竣工之快史无前例。泰戈尔在其1937年的大楼启用演说中说:"今天即将投入使用的这个大楼(中国学院)将成为(印中之间)与时俱进、加深交流的核心与象征。在这里,来自中国的学生和学者们将与我们生活在一起,分享我们的生活,并与我们分享他们的生活。他们为了一个共同的事业奉献他们的力量,帮助我们重建两个民族之间中止了长达十个世纪的伟大交流。"③

根据莫汉提教授的研究,圣地尼克坦运动促成了两方面的重要发展。第一,它强调语言和古典研究。第二,它努力研习佛经。谭云山教授在这两个方面发挥了极为重要的作用④。谭云山还打算恢复在印度失传的佛经,采用的办法是将中文佛经翻译成其原始语言——梵文以及其他印度语言⑤。遗憾的是,谭教授未能完成他的事业。然而,圣地尼克坦运动缔造了印度最早和最著名的一批汉学家。印度佛学家师觉月(P.C. Bagchi)便是其中的佼佼者。

圣地尼克坦的汉语教授那济世在总结谭教授对圣地尼克坦中国学系的贡献时评论道:"首先,他通过他的个人关系在中国以及东南亚国家募集到大量捐款,用于建设中国学院的大楼。其次,他从各个渠道获取了大量对研究项目极为重要的、有关古代中国的研究材料,并将它们全部拿到了中国学院。第三,他邀请到许多中国的学者和教师来到圣地尼克坦,他们致力于中印文化的教学与科研。第四,他出版了《中印研究》期刊,传播学者的研究成果。"⑥谭教授在中国的主要研究杂志上发表了大批文章,包括《东方杂志》,将印度争取自由的运动及其领袖介绍给中国人民。

二、谭云山与抗日战争

谭云山教授认为,第二次世界大战开始于1931年的"九一八"事变。他指出:"事实上,这场世界大战并不是由英国在9月3日宣战开始的。它开始于9年前,始于1931年9月18日中国伪满洲国的奉天。之后这场战争一直在打,首先在中国,然后在阿比西尼亚(埃塞俄比亚),然后再在西班牙,最后扩展至波兰、德国、法国和英国等国,尽管在许多地方战争断断续续。"⑦

谭云山奔波于印度与中国之间,履行着多重任务。最后,他履行了中国外交家的职责。他在印度报纸和杂志上发表的文章和演讲凸显了日本人对中国人的暴行,以便在印度争取对中国人的支持和同情。印度人民和领袖们响应谭云山的号召,全力支持中国,向中国派遣了医疗队,并且在印度举行了多个"中国日"活动。1938年6月,谭云山教授返回中国的时候,苏哈斯·昌德拉·博斯寄来了一份致中国人民的公开信。信中说:"我恳请您再次将我们对中国人民以及中国文化的深情问候以及我们对他们的(抗日)斗争的深切同情转达给他们……"博斯希望中国能够战胜日本帝国主义。他在信的末尾写道:"我完全相信:中国经过目前这场考验的洗礼,将重焕生机,在友好的自由国家中占据重要的位置。"⑧

下文根据谭中的叙述构建了谭云山有关抗日战争的观点。1940年10月13日,谭云山在加尔各答出版的《印度旗帜报》上发表了题为《中国与欧洲战争》的文章。在这篇文章中,他写道:"傲慢而狂妄的日本军国主义者认为,他们能够在三个月之内征服中国。外部世界也持同样的错误观点。"他接着写道:"无论局势如何,无论遇到什么困难,中国不会停止战斗,直到取得最后的胜利。她永远不会停止抵抗,除非日本人自己撤出中国,或被彻底消灭。"1943年6月13日,谭云山在孟加拉省全国战线组织的"联合国家日"公众大会上发表主席演说,强调了四点:第一,抗日战争是一场世界性战争,它"确实是我们的战争。我们都必须竭尽全力,投入战斗"。第二,这场战争是"民主与专制、正义与邪恶、体面与不体面、人性与残暴之间的"战斗。第三,"我们必须对联合国家的胜利抱有坚定的信念和充分的信心"。第四,"我们不仅要赢得战争,还要赢得和平";"我们不仅要为当前赢得战争,我们还要为万世永远赢得战争"。1943年7月7日在圣地尼克坦召开的庆祝"中国日"以及纪念中国抗战6周年的大会上,谭云山发表演讲指出:在三个犯罪的轴心国家中,日本军国主义者罪行最为深重。他列举了1931—1941年间的11年中轴心国家所犯下的11种罪行,其中6种是日本犯下的。针对海军上将亚纳尔在美国所发表的"除非尽快给予有效的援助,中国国民政府可能崩溃"的言论,谭写道:"我们希望通过在战争中的贡献赢得援助,而不是出于盟国的任何怜悯。我们希望盟国不是出于慈善的目的帮助我们打败敌人。我们可以要求盟国援助和帮助我们,因为我们也在战争中帮助和援助过他们。"⑨

由此可以看到,这位中国学教授已经把他自己转变成为一名外交家,甚至成为中国政府的发言人。考虑到谭云山的性格,这是非同寻常的。1942年9月24日他发表的《呼唤良知》出现在印度几乎所有的报纸上,这是对中国呼吁印度支持其战争努力的回应。谭云山呼吁道:"我亲爱的和令人尊敬的印度兄弟们,请停止你们反对英国的群众性运动,加入同盟国家,与侵略成性的轴心国家战斗,尤其是日本侵略者!"接着,他呼吁英国当局立即宣布印度是一个独立国家,将权力移交印度领袖。谭云山说:"如果你们现在宣布印度独立和自由,你们不仅能够赢得4亿印度人民的心,而且也能够得到联合国家的赞扬、欢迎、感激和敬佩。"最后,他呼吁说:"英国的富有远见的政治家们,我诚挚而谦卑地向你们呼吁和祈祷,为了每个人的利益,出于各种理由,请宣布印度独立而自由,组建一个印度全国政府,使印度人民能够全力以赴、全心全意地投入战争,以便尽快消灭轴心国。"⑩

三、谭云山与印度自由斗争

谭云山教授同样渴望印度获得自由。他不仅在同时代的各种中国报刊上发表了大量文章传播有关印度争取自由斗争的消息,而且直接充满激情地呼吁英国给予印度自由。他很可能在一定程度上影响了一些印度人物,如甘地、尼赫鲁和泰戈尔关于中国的观点,增进了两国之间的联系。同时,他努力使中国人了解甘地的原则,如可能,让中国人效仿他。例如,他广泛报道了他在1928年与甘地的首次会面以及甘地致中国人民的公开信。1928年,谭教授带着泰戈尔的介绍信,前往赛瓦格拉姆拜访甘地,在修行会所住了几日。两人就各种问题进行了交谈,包括印度与中国的局势以及印中关系。在谈到中国时,甘地指出:"我全神贯注于印度国内的问题,没有多少时间研究中国的事务。然而,我知道:中国是一个伟大的国家,拥有非常古老而丰富的文化,其人民是非常平和的。在将来,这个伟大的国家将承担起维护世界和平的责任。"谭教授对此回答说:"尽管中国目前暂时面临着巨大的困难,她的巨大希望在于未来。您建议中国采用什么方法摆脱这些困难?"甘地坦率地回答说:"在我看来,'真理'与'和平'是最好的方法。中国需要内部团结。如果能够真诚地采用和平的方法,我确信,中国将从当前的困境中解救出来。"谭教授的最后一个问题是:"既然印度与中国在古代曾经拥有着非常密切的关系,在当前世界充满矛盾的时候,我认为,印度与中国这两个伟大的国家能够团结起来,努力承担其维护世界和平的责任。因此,两国有必要结盟。这不仅是恢复两国维系了数个世纪的古老友好关系,而且也为未来的两国关系创造了新的可能。"甘地同意谭教授的观点。他说:"你说得对。我一直在考虑的事情,正是你刚才所说的。"[11]

就结盟的途径而言,甘地和谭教授都认为,当务之急应当增进两国人民之间的相互理解；两国必须启动文化交流。谭教授还邀请甘地访问中国。对此，甘地回答：他也希望能够去访问像中国这样的国家。然而，只要印度尚未获得自由，他怎么能离开印度呢？还有其他中国人成为甘地的亲密朋友。如曾圣提。在他的《在甘地先生左右》一书中记载，甘地亲切地称他"Shanti"（和平）。他也与甘地讨论了中国的局势。另一位是魏风江。他在圣地尼克坦学习过，他也是甘地的追随者。在他的《我的老师泰戈尔》一书中，我们了解到，他一直向那位印度领袖通报中国所发生的事情。1937年，当魏风江在沃尔塔拜访甘地时，他向甘地讲述了"九一八"事变以及日本军官首先蚕食满洲国然后吞并中国的野心。甘地笑了，不同意日本会征服中国的观点。"有谁曾经能够征服中国？首先，我们印度人认为，日本的崛起是一件好事，因为将有人成为东方民族的代言人。然而，越来越清楚的是，它只是在东方的桶里出现的一个烂苹果而已。在历史上，任何使用武力侵略其他国家的人，最终会搬起石头砸自己的脚。"[12]

谭云山教授充满激情地呼吁英国给予印度自由，这一行动同样表明，他非常希望看到印度独立。谭教授在他的呼吁书中写道：这不仅是印度人民的愿望，也是联合国家人民的愿望。在他看来，只有盟国的敌人们不希望看到印度自由，因为如果印度被宣布独立而自由，那么他们的宣传就将毫无作用；他们将印度人拉到他们那一边的希望就将破灭。"希特勒将一次又一次地高喊：如果丘吉尔先生允许印度独立，我将在他面前下跪。小日本（日本人）将每天向印度人民广播：英国人不会给你们自由；我们将来解救你们。因此，英国的富有远见的政治家们，我谦卑而诚挚地向你们祈祷，请立即宣布印度自由而独立。让希特勒在丘吉尔面前下跪，让小日本闭上他们邪恶的嘴巴，让他们的白日梦灰飞烟灭。"

四、谭云山的遗产

综上所述,谭云山将其一生奉献给了印中文明对话以及印度的中国—印度学。印度的中国学在泰戈尔认识谭云山之后才得以起步,尤其是在中国学院建立之后。为了实现泰戈尔以及他自己的梦想,谭云山千方百计,通过他的个人关系在中国以及东南亚国家为中国学院大楼及其图书馆募集到了大量资金以及参考书。为了加强中国—印度学,他还邀请许多中国学者和教师来到圣地尼克坦。这些学者和教师致力于中国—印度文化学的教学与研究。为此,他还出版了《中国—印度学》期刊,以传播学者们的研究成果。

谭云山热爱印度,致力于争取其自由,甚至呼吁英国人给予印度自由。在印度,他总是将中国人民的深情厚谊带给印度人民。无论何时回到中国,他都会将印度人民对中国人民的友谊带回来。谭云山不仅如实地记录下了印度与中国人民之间的手足情谊,而且谈到了两国人民之间文化交流的悠久历史。

谭云山表现出了"湖南牛"的精神,无私地为促进印度与中国之间的友谊而努力。他追随着玄奘以及其他许多往来于中国与印度之间的文化大使们的脚步。然而,他并没有效仿中国学者型和尚返回中国的精神,他追随的是数千访问中国的印度学者型和尚的精神,从未离开朝圣地,回到家乡。

谭教授与他的时代的其他主要人物,包括泰戈尔,对印度和中国文明充满坚定的信念。他使东方文化的活力得到了具体体现。同样,作为中国的伟大而文雅的巨人和中国的印度学的先驱,季羡林教授也将其一生奉献给了促进中印两个文明之间的对话。他也预言,21世纪将是东方文化的世纪。季羡林认为,东方文化将成为世界的主要文化,并将把人类与文化的发展推进到一个更高的水平。

显然，印度与中国应该共同努力，将谭云山和季羡林的设想变为现实。本文在分析了谭教授与印度的命运、他对中国与印度学的贡献以及他所采用的文明研究方法之外，得出的结论是，他是印度——中国文化交流以及友谊的真正大使；他将给两国人民带来鼓舞与教育。

注释：

①⑨ 谭中：《踏着玄奘的脚印：谭云山与印度》，新德里，英迪拉·甘地国立艺术中心1999年出版。

② 引自黄爱舒：《泰戈尔与谭云山之间的中印兄弟情》（乌玛·达斯古普塔译），载谭中、阿米亚·德夫、王邦维和魏立明主编：《泰戈尔与中国》，新德里赛奇出版印度私营有限公司和北京中央编译出版社2011年版，139页。

③ 谭中、阿米亚·德夫、王邦维和魏立明主编：《泰戈尔与中国》，新德里赛奇出版印度私营有限公司和北京中央编译出版社2011年版，67页。

④ 曼诺拉简·莫汉蒂：《印度的中国学的历史演变》，亚洲研究协会（AAS）组织的为期一天的有关"印度的中国学"的研讨班，新德里印度Habitat中心，2008年3月6日。

⑤ 谭云山主编：《国际大学中国学院的20年》，圣地尼克坦，印度中印文学学会，1957年，20—21页。

⑥ 那济世：《泰戈尔与国际大学中国学院：一个文明对话的中心》，载玛妲玉主编：《印度的中国学回顾座谈会》，新德里中国学协会，2007年11月。

⑦⑧⑩ 谭云山：《印度、中国与二战》，加尔各答，1944年，9页，71—72页，41—42页。

⑪ 谭云山：《甘地访问记》，载《东方杂志》，第29卷，42—43页。

⑫ 魏风江：《我的老师泰戈尔》，贵州出版社1986年版，129—130页。

发掘谭云山教授的文化遗产

[印度] 尼玛拉·沙尔马　印度文化国际学院教授

过去的两年,我都在新德里的国家博物馆研究中国的敦煌壁画。在此期间,我有幸得以研讨谭中教授的代表作:《段文杰眼中的敦煌艺术》。我还鉴赏了他的其他作品:《跨越喜马拉雅:印度寻求了解中国》(1998)、《玄奘的足迹:谭云山与印度》(1999)和《印度与中国:两大文明的交往和激荡》(2005)。他对风格、艺术性、不同朝代的艺术时代性方面的研究,以及丰富的关于敦煌艺术的介绍,让我更想了解他的家庭背景。他的父亲谭云山教授重新回顾两个国家之间理想世界的人生和故事,深深吸引了我。谭云山教授曾怀着崇敬和理想来到印度,研究玄奘法师,以及两个国家之间的联系。

　　　　我满怀欣喜地踏上朝圣之旅,
　　　　来到这片文化宝地。

这是中国佛教协会主席赵朴初的诗句,真实地反映了谭云山教授来到印度,见到泰戈尔、圣雄甘地、梵学家尼赫鲁以及其他印度知名人物，在印度完成神圣使命的欣喜心情。

在对印度文化国际学院的大量关于中国佛教文本研究中，我非常高兴能目睹400卷分装于40个檀木箱子的中国三藏经。经书依旧芳香扑鼻，就好像来自释迦牟尼的讯息。完整的三藏经第一次来到印度是在尼克坦，也是得益于谭云山教授。谭云山教授以其广阔的视野和坚定的行动，发掘我们社会中的生态和文化遗产中的价值。三藏经第二次来印度是在国际学院，应罗怙毗罗（Raghu Vira，1902—1963）教授的请求，他有意将中国三藏经中的佛教经典、本生经和譬喻经翻译出来。历史上，经文是从梵文翻译到汉语，但历经几个世纪，由于种族原因，早已湮灭失传，但这些经文却幸运地以汉语的形式得以保存。这些都是人类的宝贵遗产，对全世界的文学发展都有重大影响。谭云山教授就如同天使一般，给予印度这些宝贵的财富，现在为迦陵频伽修道院出版的上海版三藏经已经如珍宝般保存起来。得益于谭云山，他将佛教同儒教甚至当代思潮融合而成的思想和文化财富再一次带回了印度。

谭云山教授的父亲曾开设一家中国传统文化书院，谭云山跟父亲一同研究经典著作"四书"。父亲1906年去世后，谭云山开始研究"五经"。1910年，谭云山开始广泛地研究中国哲学、历史、古代和当代文学、散文以及诗歌。具备古典文学和西方哲学基础的谭云山最终选择了佛教作为研究领域。1927年，谭云山教授同泰戈尔在新加坡会面，1931年他拜访了所有的佛教圣地，进行了一次朝圣之旅，到1937年他完成了中国学院的建设工作，这是印度的第一个此类机构。后来他给印度的4个机构捐助了4套中国版三藏经，其中在1941年给罗怙毗罗教授的一套，在本文中用来说明"中国画六原则"就是在佛教经典的启发下产生的。

泰戈尔指出了中国画理论中的六原则的平行，这是由谢赫在公元500年提出，也是对中国画原则最早的论述。谢赫受成实（成实论）运动的影响颇深，成实运动是由鸠摩罗什（344—413）的门徒开启的，鸠摩罗什于公元411年到412年，将诃梨跋摩的成实论翻译成中文。自陆机（约300）开始，中国美学评论开始倾向印象主义并且少有分析。成实论引领了一股理性经验主义的思潮。受其影响，以沈约（441—513）和刘勰为代表的一批批评家，主张基于综合历史背景和严格元素分析的古典学派。谢赫将六原则总结为：1.绘画的构图元素，比如气韵生动、应物象形和经营位置。2.另外一方面，绘画艺术家的实际技术，比如骨法用笔、随类赋彩和传移摹写。他的观点被彼得·维翻译成英文，如下所示：

六项基本原则如何规定？第一，气韵生动：体现活泼生动的状态。第二，骨法用笔：主要体现在用笔的功夫上。第三，应物象形：体现实物的状态。第四，随类赋彩：体现物体的真实颜色。第五，经营位置：按照实际情况安排、设置位置。第六，传移摹写：按照实际情况进行临摹描绘。

第一原则，气韵生动被誉为是代表画家敏感度的一条，并不是绘画艺术作为造型传统的一个因素。郭茹旭（1070）曾说，画家的秉性、性格主要就要从画图中来看出。张印元说，静物的画作（岩石和树木）肯定是既没法气韵也没法生动。

这两条原则，形式的关键结构，神韵和表达力的基本动态元素，是理性主义和印象派主义的重中之重。谢赫使用物理性质来解释难懂的概念，并表达他的理性主义思想。他说，在绘画中，反映事物（客观世界）就是简单地反映它们的外形，而表达事物的性质就是简单地进行着色。他深受成实论的现实主义影响，并倡导理性古典主义，将绘画作为原则指导下现实的真实描绘。它是成实论学派的反映："人格有五种元素构成（外形、知觉、概念、意志和意识），并无基础和个体自我,只是一个如同没有装水或内容物的罐子。宇宙共包括84种元素,但是它们都不是永远存在的,也都是一个一个的空罐子,不会永远持续。"①"该学派主张的无实物论,就是从有实物中抽象而来,或者仅仅是存在的一个对立"。②这种虚空的学说并没有驳斥生命的流动,但是有必要解释一下动态存在的状况。谢赫的美学理论一定程度上忽略了虚无主义(sarva-sunyata)的二进制性质是"终极真理",而所有事物的短暂存在则是一种"世间真理"。这两者在梵文中分别是paramartha-satya(义谛)和samvriti-satya(俗谛)。佛超越了世间的四论(是、否、是或否、是否皆非),这是他的真实本尊,而他在世间呈现的则是"转世肉身"。③彼得·维总结说:"我的心中无一物,远远超过现实的感知所创造的世界,这是世上不可言喻的,最简单的空间和心灵的奇迹。"成实论学派达到这样高度的复杂性和综合性,但谢赫无法将他的理论用于实际。神秘主义和画家的具体行动差距太遥远,已经远离了绘画本身。

在此献上我对中国三藏经思想财富的由衷敬意!

注释:

①②③ 高楠顺次郎:《佛教哲学的本质》,76页,78页,291页。

一位学者眼中的谭云山教授

[印度] 莎士·芭拉　印度文化国际学院教授

印度与中国之间的文化友谊已延续2000年。古时候，印度的鸠摩罗什和达摩祖师以及中国的玄奘和法显等大师都是古代印中文化之路上的朝圣者。在现代，谭云山教授则倾尽毕生精力将印中文化友谊传递下来。他把印度当做自己的第二个故乡，他人生中有55年在印度度过，最后在菩提迦耶去世。他与圣地尼克坦融为一体，为印中两国增进彼此了解做出了巨大的贡献。他为此所做的努力得到了印度已故总理贾瓦哈拉尔·尼赫鲁、圣雄甘地和罗宾德拉纳特·泰戈尔的高度赞扬。

一、向谭云山致敬

今天，来自印度和中国的学者们亲如一家，欢聚一堂，向谭云山教授表达敬意，忆及并复兴印度和中国两国之间2000年来的文化、精神和哲学联系。这是向坚持不懈、富有牺牲精神的大师和朝圣者、我们的祖先表示敬意。他们不畏长途跋涉的困难，向两国人民传递爱和怜悯、和平与解放、心灵与灵魂的忠诚以及仁慈的讯息。他们为了佛教这一神圣的哲学而甘冒生命的危险,而中国敞开胸怀接受佛教,从而产生了新的佛教文化融合。

谭云山曾在印度学习研究历史和哲学,这个年轻的中国人被佛教及其对世界的贡献所深深感动。他发现佛教传播的历史即是一部智慧和真理的史话。这是通过印度文明精髓的国际化过程实现的,当时中国派遣使者到印度取经。中国皇帝下令将经书从梵文译为中文,这可能是最好的安排。后来,为了传播知识还将这些经书印刷出版。

在浩瀚无边的中国文学中有大量资料可表明中国与印度的文化联系。佛教有助于中国历代王朝的统一和稳定,中国的帝王们建起了庞大的佛教机构,他们将佛教寺庙视为圣境的绝好环境氛围。中国人精心挑选出风水好的地方,在那里建造佛陀和菩萨的居所。中国还创造了世界上最全面的佛教文学典籍,即《三藏》,对中印文化联系做出了巨大贡献。今天,中国的寺庙数量居世界之最。更令人感动的是,我们看到,时下中国对于佛教寺庙的复原、古代遗址的发掘和保护以及佛学的整体研究都极为重视。另外,我们印度人感到好奇的是,中国拥有无数的古代印度智慧原本,这些最珍贵的原本从梵文译为中文,如今在印度也已失传。这些在我看来,可以作为今后学术合作的一个课题。

过去几个世纪,我们两国文化关系的历史被淡忘,两国之间的接触减少,人们逐渐远离了以往的记忆。但是,谭云山对印中两国的辉煌文明情有独钟,佛教深藏在他心中。释迦牟尼的一生启迪了他和成千上万的中国人。他研究过中国的历史,古代中国的统治者十分推崇佛教所宣扬的哲学,因为其基本教义对提高道德标准具有很强的推动作用。佛教认为,众生皆能被度化。这一思想鼓舞了中国百姓,勉励他们成为完人。佛教还向全世界所有人传播慈悲、怜悯和普爱的思想。达摩祖师的传统被视为理想的境界，其寺院结构和寺庙文化对中国人的生活产生了深远的影响。

二、泰戈尔与谭云山

印度大诗人和哲学家泰戈尔曾经有一个梦想，就是复兴友谊和信仰的跨文化意识，以实现和谐与和平，特别是印度与其邻国之间的和谐与和平。1924年在中国的巡回讲演，使他深受鼓舞，来实现梦想。泰戈尔受到了热情的接待，很多中国人，特别是学生，都曾读过他被译为中文的戏剧、诗歌、小说和散文。杰出的哲学家和改革家梁启超是泰戈尔中国之行的东道主之一，他甚至将泰戈尔的访问与公元67年来到洛阳的摄摩腾和公元401年抵达长安的鸠摩罗什这些创造历史的人物相提并论。中国学者对他的思想和作品印象深刻。1956年，周恩来总理在圣地尼克坦举行的一个特别集会上赞扬泰戈尔，他说中国人依旧怀念泰戈尔1924年的中国之行。中国著名画家徐悲鸿是中印文化协会的创始成员之一，他访问印度时大部分时间都在圣地尼克坦度过。他为泰戈尔所画的素描是中印友谊的永久象征。

在中国人民中引起的反响，给泰戈尔留下了深刻印象。他表示希望在印度尼克坦的国际大学建立一个中国研究中心。泰戈尔与中国学者达成共识，中国学者到圣地尼克坦发展中国研究，而泰戈尔则派遣印度学者到位于北京的清华大学发展印度研究。但问题是，由谁来管理位于印度的中国中心。泰戈尔需要一个在圣地尼克坦能够接受单调的僧侣般生活的中国人，这个人同时还需具有为复兴中印之间谅解建立平台的共同愿景和献身精神。

机会随后到来，就在此时，谭云山出现了。在开始交谈后，双方都已了然，他们有着同样的思想和灵魂。泰戈尔的梦想可以成为现实，而谭云山也能踏着丝绸之路朝圣者的足迹走下去，这些朝圣者都是他所深深钦佩的。所有的这些都是关于爱和悲悯，而不是战争，不是关于胜利者和失败者。

双方都同时为各自智慧的心灵和远见的思想所驱使。他们都希望能够重唤古时的共同传统，并使两国人民意识到他们确实是一家人。中国和印度之间有太多太多的共通之处或许已被遗忘，但却并未丧失。

这两个国际主义和跨文化谅解的伟大倡导者决定开始付诸行动。泰戈尔提议谭云山移居圣地尼克坦，向印度播撒中国文化的芬芳和知识。谭云山满怀热情地接受了这一重任，他的新婚妻子陈乃蔚对此也给予了全力支持，她是一位具有伟大思想的中国女性，在马来亚从事教师工作。他们做出决定，谭云山移居印度。谭云山成为了圣地尼克坦国际大学的教授，时年年仅30岁。他对大学里僧侣式环境下的淡饭粗茶毫不在意，并经常自己做饭、冥想、练习瑜伽和太极以及写有关印度的书、诗歌和散文。他觉得生活在佛陀的故土，很是舒服自在。毕竟，是佛陀启迪了谭云山，使得他追随丝绸之路朝圣者的愿望。

三、国际大学中国学院：中国文化的大厦

为了在印度建造一座中国文化的大厦，谭云山通过社会渠道筹集资金，建成了具有历史意义的国际大学中国学院。该学院的落成仪式于1937年4月14日举行，泰戈尔在落成仪式上欣喜若狂。在中国之行中，他觉得"……一股巨大的生命力从印度的心脏流出，翻山越岭，穿过沙漠，抵达那遥远的土地，滋润了那片土地上人们的心灵……想到那伟大的朝圣之旅，那些高尚的英雄，他们为了自己的信仰、为

了自我解放的理想而跋山涉水，这种至爱把所有人团结在一起……"那时，他可以重拾古老的誓言，维护两国之间的文化交流和友谊。1800年以前，我们的祖先已经为此奠定了基础。

国际大学中国学院是印度第一个系统研究中国文化和社会的学术中心，它不仅是一座水泥结构的大厦，还传递友谊的讯息，印中两国人民在这里成为朋友，进行对话、交流知识。周恩来总理向国际大学中国学院捐赠了大批图书，使其成为印度古典中国研究的先锋。这些珍贵的书籍无声却丰富地展现了中印两国2000年来的友谊、合作和理解的历史。有大量用梵语写成、后来译为中文的书籍现在印度已经没有了。这些书籍为东西方的学生和学者互相交流生活体验、提升价值观、致力于人类事业打开了大门。已故总理贾瓦哈拉尔·尼赫鲁热衷于重建两国人民之间已被遗忘近10个世纪的联系。他到圣地尼克坦访问时总会与谭云山聊天。印度其他杰出人物对于几个世纪后打破坚固的语言阻碍也十分高兴。受圣地尼克坦的影响，德里大学于1964年设立了佛学研究系。

四、谭云山的学术贡献

培养杰出人才

谭云山教授被任命为国际大学的教授后，开始教授中国语言和文化方面的课程。许多著名的印度学者成为谭云山的学生。后来，圣地尼克坦培养出了众多杰出人才，包括近代中国第一代、第二代和第三代印度专家。

金克木教授是来到圣地尼克坦研习的中国学者之一，他于1941—1946年在印度国际大学授课及学习。回国后，他被任命为北京大学东方语言系的教授，教梵语、梵语文学、印度哲学、印地语和乌尔都语。此外，还有很多中国学者来到圣地尼克坦学习、教学，他们回到中国之后成为近代中国第一批印度专家。常任侠、吴晓玲、周达夫和巫白慧等学者出版了大量书籍，产生了启迪作用。第二代研究印度的学者写了众多诸如印度哲学、中印关系和印度文化方面的书籍并编纂了不少印度语——汉语词典。季羡林的弟子王邦维教授是第三代印度研究学者中的代表人物，他出版的作品为研究中印文化联系的学者提供了宝贵的信息和深刻的见解。

在此我不能一一介绍他们，但我必须指出的是，他们使更多的学者聚集在一起。他们提醒我们中印两个伟大的文明之间在过去两千多年中所拥有的共同的文化、精神、哲学、艺术和文学遗产。我们两国之间的最早接触要追溯到公元前3世纪时的秦朝。印度贵霜王朝的迦尼色伽王还有一个中国头衔"天子"。桃和梨是由中国王子传到印度的。Chinniyari 是旁遮普省阿姆利则附近的一个地名，公元7世纪时玄奘曾到过此地。

另一位中国学者季羡林教授，为中国人打开了学习古代印度语言、文学、佛学、印度历史、中亚和中国佛学及文化交汇的大门。在振兴和重建中印两国学术联系的历史上，这是一个里程碑式的名字。他将8万首梵文诗歌翻译成了优雅的中国诗歌，其中包括印度最伟大的史诗之一——《罗摩衍那》。

在印度，杰出的学者、已故教授罗怙毗罗（Raghu Vira，1902—1963）在为印度人民开辟了解中国的新视野，在了解其文化、文字、语言和文学、其奇妙的佛教遗产、梵文文字译为汉语的历史和我们的文化关系上，积极地起着主导作用。作为印度知名的中国专家，他应中国政府总理周恩来的邀请来到中国，对3个月零3天行程期间的活动表现出极大的兴趣。他因跟随满载着由爱心和慷慨人士赠予的珍贵礼物的小车前来，而被总理称为"当代玄奘"。他的旅行见闻是以印度语写成关于中印友谊的重要资料。因为还未翻译成其他语言，所以中国人民还未读过。作为创作其传记的第一人，我建议可以把他的旅行见闻译为汉语出版。已故教授罗怙毗罗的儿子，是印度最著名的学者，他完好地保存了父亲的遗产，并对此倍加珍视，鼓舞了一大批学者在这一领域进行研究。

谭云山教授的儿子谭中同父亲一样，在印度度过了一生中大部分的时间，在德里和贾瓦哈拉尔·尼赫鲁大学执教，并做了很长时间的咨询工作。除了承担我们的研究项目外，他还向很多大学提供了珍贵的历史课教科书。

国际大学中国学院成为文明对话之地

1937年，谭云山被任命为中国学院的院长。尽管我们两国的语言和文字并不相同，谭云山却为两国互相交流、了解彼此的风俗习惯和价值观以及共同努力、交流思想、互相借鉴找到了新的方法。圣地尼克坦因此成为两国显要会见的地方。1945年，尼赫鲁作为中印文化协会的名誉主席在印度与中国文明对话的瑰宝——国际大学中国学院，发表了讲话。

中印文化协会

与著名学者蔡元培合作的中印文化协会在南京成立是促进中印文化关系的另一个重要事件。蔡元培担任协会主席，他还是中央研究院的院长。协会派遣年轻学者魏风江从上海赴圣地尼克坦学习。后来成为印度总理的英迪拉·甘地是他的同学。1934年，在谭云山的帮助下，泰戈尔在印度成立了中印文化协会。

谭云山作为中国的代表

谭云山教授被视为中国的代表。由于他在中国有一定影响和接触，印度教育机构经常向他咨询与中国有关的事情。1938年6月，印度国大党议长苏巴斯·钱德拉·鲍斯通过他向中国写了一封信，表达印度对中国的深厚感情、支持和同情。后来，他的儿子、知名学者谭中教授也致力于中印文化交流，这代表着传承、承诺和学术性。

五、结束语

2011年7月，谭云山和罗宾德拉纳特·泰戈尔那次具有历史意义的会面将满84周年，那是印中文化联系史上的一个转折点。值此时刻，让我们通过欣赏技艺精湛、思想深刻的伟大的中国艺术家、建筑家、雕刻家和画家们令人赞叹的作品来开启促进两国文化联系的大门。他们使我们成为兄弟。希望我们沿着中国僧侣为取经而曾走过的丝绸之路前进。中亚曾是中国走向西方的通道，今天我们通过它找到了成千上万已经在印度消失殆尽的梵文经书，这条路通向昔日智慧汇集的寺院。

我们有2000年的文化交流史，不论过去、现在还是将来，我们都是兄弟。这种文化交流隐藏在我们心中，但交流的渠道是畅通的。我们在很多领域有合作的广阔空间。在全球化时代，我们两国都充满活力、愿望和抱负。两国人民都精力充沛、富有进取心。赞颂谭云山所留下的遗产会成为中印友谊之路上的一个里程碑。他把印度放在自己心上。希望这个论坛能创造出一个和平的世界，生活在那里的人们有美妙的音乐和香气四溢的鲜花相伴。

第二辑

中印文化交流

中印文化交流刍议

姜景奎　北京大学南亚研究中心主任

一、历史长卷

中印两国立于世界东方，天造地设，互为邻国，其文化往来源远流长。从文字记载看，历两千余年而不衰，成为人类文明交流史上的典范。但两国的文化交流到底有多悠久，始自何时，至今没有定论。

季羡林先生把中印文化交流史分为七个阶段：一、滥觞（汉朝以前），二、活跃（后汉三国），三、鼎盛（两晋南北朝隋唐），四、衰微（宋元），五、复苏（明），六、大转变（明末清初），七、涓涓细流（清代和近现代）。笔者添加一个阶段：八、蓬勃发展（当代）。

在这悠长的历史进程中，中印两大文明相互接触、碰撞，进而吸收、改造，直至融合、同化，演奏出了一章又一章壮美的人类文明交响乐。这些乐章既有关于物质文化的，也有关于精神文化的，既有关于科学技术的，也有关于文学艺术的……概言之，中印文化交流时间长、方面广，"上至天文、地理，下至语言和日常生活，中间文学、艺术、哲学、宗教、科学、技术,等等,在很多方面,无不打上了交流的烙印。"①

现代社会电信发达,人类通过电话、网络、卫星,随时可以联络、交流信息,互通有无。古代则大不相同,纯物质的道路交通是交流的前提和基础。中印是邻居,之间有世界屋脊喜马拉雅山阻隔,但两大民族却克服了千辛万苦,经过长期摸索,硬是用双脚走出了三条通道。其一,西域道,即人们所说的"丝绸之路",也是古代中国与印度进行文化交流的主要通道。其二,滇缅道,即从我国四川、云南经缅甸到达印度的通道。早在张骞出使西域之前,这条通道即已存在。其三,南海道,根据《汉书·地理志》的记载,这条通道在西汉时已经确立,起点在日南(今越南境内),终点在黄支(今南印度泰米尔纳德邦的康契普拉姆)或已程不国(今斯里兰卡)。

二、科学技术

中印两国文化交流首先始于物质文化交流。西汉张骞出使西域时已发现四川产的布和竹杖经由印度转销大夏(今阿富汗)。据考证,古代由中国传入印度的物产主要有丝、瓷器、茶、金属、植物、手工制品等,由印度传入中国的主要有琉璃、水晶等。这些物产流传,大大丰富了中印两国的物质文明。随着交往的进一步深入,两大文明在科学技术方面的交流逐渐展开。

中印两国在天文历算、化学医药、工农业技术乃至语言学、翻译学等方面都有很深的交流。天文历算方面,中国的二十八宿说影响了印度,印度的七曜和九执说影响了中国;化学医药方面,印度有医僧来华,有医书入华,大大丰富了中国医术学和医药学,发展了中国的实践医学。工业技术方面,中国的烧制玻璃技术可能取自印度,印度的造纸与造纸术、制造火药术等自然来自中国。农副业技术方面，印度的植茶技术、植桑养蚕技术等都取自中国，中国的植棉技术取自印度。由于佛教东来，中国的语言学和翻译学等方面受到印度语言文字很大影响，这不仅丰富和发展了汉语语音学、词汇学，而且使中国翻译学前进了一大步，直译意译有机结合的科学翻译方法得到推崇，翻译水平大大提高。

属于工业技术方面的制糖术在中印文化交流史上占有特殊地位。简单地说，古代印度发明了生产粗糖（红糖）的技术，而后传入中国，中国在此基础上进行改良，发明了生产精糖（白糖）的技术。该技术之后传入印度，所以印度语白糖一词为 Cini，意思是"中国的"、"来自中国的"。具体而论，起初，粗糖技术通过佛经入东土，但国人不知如何利用；唐代初期，官方出面组织学习古印度的制糖技术，"贞观二十一年 …… 太宗遣使取熬糖法 ……"[②] 由此，粗糖技术才为国人真正掌握和使用，也才有了改良及改良技术回流印度的佳话。

三、人文社科

在中印两千余年的文化交流中，人文社会科学一直扮演着头号角色，佛教尤其如此。

汤用彤认为，"盖佛教入华，约在西汉之末，势力始盛在东晋之初 …… 自陈至隋，我国之佛学，遂大成 ……"[③] 这段话有两层意思，其一，佛教传入我国的时间；其二，佛教传入后，不久即由印度佛教蜕变为中国佛教，成为中国文化不可分割的组成部分。季羡林认为，佛教"几乎影响了中华文化的各个方面，给它增添了新的活力，促其发展，助其成长。可以说，不研究佛教对中国文化的影响，就无法写出真正的中国文化史、中国哲学史或者中国历史。或者说，弄不清印度文化、印度佛教，就弄不清我们自己的家底"。[④] 可见佛教之于中国的重要性。我们常说，中国文化以儒家文化为主体，以释道文化为两翼，可见佛（释）文化已经扎根中国，与中国文化血肉相连，不可分割。

长期以来，佛教成为中印文化交流的"始点"和"终点"，中印求法者和弘法者竞相为其背井离乡，甚至客死异地。这些人如印度的摄摩腾、竺法兰、鸠摩罗什、真谛等，再如中国的法显、玄奘、义净等，他们为中印文化交流和中印友谊架起了一座不朽的桥梁。不仅如此，佛教还通过中国传入朝鲜和日本等国，影响了那里的文化。公元13世纪佛教于印度消亡，而在中土长盛不衰，抑或是中印之文化接力做得好，抑或是中国文化之柔韧度高，抑或是印度文化之魅力强，其中耐人探究之处颇多。

关于佛教东进之事，有两则故事可以一书。其一，皇帝谕诏求法：汉明帝梦见身有日光的神人，大臣说这个神人应该是天竺的佛。于是明帝遣使求法，公元69年得中天竺摄摩腾和竺法兰两位大师来华弘法布道。其二，老子化胡说：佛教初入东土，许多人不满，道教更是反对。于是出现了《老子化胡经》，言说老子西出函谷关到了印度，蜕化为释迦牟尼而创立了佛教。

随着佛教的传入和发展，中印在文学艺术等方面的交流也逐渐展开。佛经汉译带来了佛教，也带来了印度文化，由此形成内容庞杂的佛经文学文化，对中国文学文化产生了深远影响。鲁迅在《〈痴华鬘〉题记》中写道："尝闻天竺寓言之富，如大林深泉，他国文艺，往往蒙其影响。"中国的唐宋传奇与志怪文学，乃至元明清时代的小说和寓言，即如民间文学中的龙、《西游记》中的猴等，都有印度痕迹。中国的正统文学唐诗宋词等也深受佛教影响，诗人如王维、李白、杜甫、白居易、陶渊明，词家如欧阳修、苏轼、李清照、范成大等，其诗其词不乏契合佛教精神之作品。

四、人物春秋

人是文化交流的主体，无数仁人志士，前仆后继，为中印友谊做出了不可磨灭的贡献：

鸠摩罗什（344—413）

鸠摩罗什可谓印度来华的第一大佛教使者。其父鸠摩罗炎，印度人，移居龟兹国，与龟兹王妹妹耆婆结婚，生子鸠摩罗什。鸠摩罗什7岁时，随母亲一起出家，一起游历印度及西域许多国家。他天资聪慧，读经过目不忘，先学小乘，后习大乘，深得佛法妙义。401年，赴长安，被待以国师之礼。他在长安广收门徒，讲经说法，名闻天下。同时，他筹设译场，从事译经工作，直至去世。他先后译经三百余卷，成为佛教传入中国以后的第一个重要的佛经翻译家，在中国翻译史上占有重要地位，许多重要的佛经都出自他手。

鸠摩罗什之后，真谛（499—569）是印度来华的著名僧人。他原籍西印度，少时博览群书，精通佛理，尤善大乘之说。真谛于546年抵达南京，受到朝廷热情欢迎，梁武帝亲加顶礼。他翻译的佛经数量极大，影响也极大。

玄奘（600—664）

在中国佛教史上，玄奘独一无二。河南洛阳人，世称三藏法师。少年出家，遍访佛教名师，因感各派学说分歧，难得定论，便决心亲赴印度，求取佛法真相。627年，开始西行求法。628年，经西域道，历经艰险抵达印度。初在那烂陀寺受学。后游学印度各地，并与当地学者论辩，名震五印度。历经17年，负经像舍利等数百件于645年回到长安，受到唐太宗的欢迎和赏识。由此广收门徒，组织译经。

他一生共译经1335卷，影响巨大。就译经而言，玄奘在中国翻译史上占有独特的地位。他创立了直译和意译有机结合的翻译方法，优于单纯的直译方法和意译方法，译文既忠实于原文，又明晓畅达，为后世译家所共享。玄奘还给后世留下了一部《大唐西域记》。这不仅是一部向国人介绍印度情况的著作，还是重建印度历史的重要史料文献，为印度史学家所高度重视。

在玄奘之前和之后，也有中国僧人不畏艰险，赴印度求法，其中以法显和义净最为著名。法显（337—422），山西临汾人，在学习佛法过程中深感律藏残缺，决心西行。399年，法显经西域道西进印度，遍游诸国，后南下斯里兰卡，最后由海路回国。回国以后，法显于南京译经，撰有《佛国记》。法显游历印度14年，是第一个到印度去"拿"佛教的人，其地位不言而喻。义净（635—713），山东历城人，671年由海路赴印，历时24年，仍由海路回国，于695年抵洛阳，受到武则天礼遇。在洛阳、长安主持译经事宜，并撰有《南海寄归内法传》和《大唐西域求法高僧传》两部著作，受到佛学界及史学家的普遍重视。

谭云山（1898—1983）

在现当代中印文化交流史上，有重要影响的人物很多，比如印度的甘地、泰戈尔和中国的梁启超、蔡元培等，但建树大的莫过于谭云山和季羡林。

谭云山，湖南省茶陵县人。1915年考入湖南省立第一师范学校。1919年入长沙船山学社从事学术研究。1924年赴南洋留学，辗转新加坡、马来西亚。1927年，在新加坡结识诗圣泰戈尔，1928年追随泰戈尔，成为印度国际大学的中文教员，后任中国学院院长。谭云山是一位杰出的文化使者，他传播中国文化，并潜心佛学和印度文化的研究。在他的倡导下，中国和印度分别于1933年和1934年成立了中印学会，前者由蔡元培主持，后者由泰戈尔任会长。中印学会的宗旨是"研究中印学术，沟通中印文化……"两会的成立在当时促进了中印的文化交流，具有积极意义。谭云山数十年致力于教学和学术研究，是一位名副其实的中印学者，受到中印两国人民的爱戴：中国总理周恩来称赞他"为促进中印文化交流所作出的不懈努力"，印度总理英迪拉·甘地夫人说他"为印中两国文明更好地交流做出了巨大贡献"。

季羡林（1911—2009）

季羡林，山东临清人，印度学家、佛学家、东方学家。1930年考入清华大学，1935年赴德国留学，主修梵文，1945年回国。1946年受聘北京大学教授，创立东语系，与稍后进入北大的金克木一起开始了我国现代意义上的印度学教学与研究工作。

季羡林光环颇多，但他根本上是一个印度学学者，24卷本的《季羡林文集》一多半是有关印度的著述和译著。他研究印度佛教、印度文学，也研究印度文化。七卷本《罗摩衍那》以及《五卷书》、《沙恭达罗》等译著集中体现了他的古印度语言功底，两卷本《糖史》、《印度历史与文化》、《中印文化关系》等专著体现了他的印度学成就，黄宝生、蒋忠心、王邦维、辛岛静治等学者则体现了他的教学成果。长期以来，中国的印度学研究是一种潜流，不为学术界所重视。季羡林不信邪，他孜孜以求，三尺讲台，笔耕不辍，谱写了一曲优美动人的中印文化交流之歌，给后人留下了极为宝贵的财富。

在中国的印度学研究领域，"季羡林"三个字其实是一个集体的名称，其中包括金克木、徐梵澄、黄新川、刘安武、林承杰、耿引曾等老一辈学者，也包括黄宝生、薛克翘、葛维钧、王邦维等中间学者，还包括更年轻一些的学者。译著《摩诃婆罗多》、《五十奥义书)、《泰戈尔全集》等,专著《印度古代文学史》、《印度哲学史》、《印度史》、《中国与南亚文化交流志》等,校注《大唐西域记》、《南海寄归内法传》等都体现了这一集体的印度学研究能量,是今天中印文化交流的中国军团。

五、今日风貌

中印交流,功在当代,利在千秋。新中国成立及印度独立以来,中印文化交流进入了蓬勃发展的新时期。在过去的60年里,中印文化交流跌宕起伏,有高潮,也有低谷,但始终没有中断过。

印度是音乐歌舞之乡,也是电影国度,中国心向往之。一曲"阿巴拉古"(《拉兹之歌》)唱遍了大江南北,一支拍球舞(印度舞蹈)跳遍了长城内外。近几年来,《阿育王》、《宝莱坞生死恋》等印度影片以及印度诸派舞蹈经常出入中国的影院剧场,受到中国观众的热烈欢迎。

瑜伽是印度的又一个魅力点。这一发端于自我修行以求得解脱的宗教实践方式逐渐成为风靡中国的健身运动,为各个年龄群体所接受。据不完全统计,仅北京就有大小瑜伽馆数十家。

中印学术团体的文化交流历来频繁。21世纪第一个十年,在中印两国政府的支持下,北京大学于2003年成立印度研究中心,尼赫鲁大学于2007年成立孔子学院,前者由时任的印度总理瓦杰帕伊揭幕,后者由北京大学协办。孔子学院定期获得中国政府资助,印度研究中心也获得过印度政府捐赠。在这两个机构的努力下,印度的汉语教学发展迅猛,中国的印地语教学也生机勃勃;同时,两国学界的研究兴趣和热情与日俱增。如此,中印文化交流将更上一层楼。也只有这样,中印才能相互理解,才能实现互利共赢。

注释：

① 季羡林:《中印文化交流史》,新华出版社1991年版,2—3页。

②《新唐书·西域传》。

③ 汤用彤:《隋唐佛教史稿》"序言"。

④ 香港:《中国评论》第42期。

苦与空
——印度佛教哲学对中国文学与艺术的影响

王镛　中国艺术研究院美术研究所原副所长

1987年至1988年,我作为中国艺术研究院的访问学者,曾在圣地尼克坦印度国际大学艺术学院进修印度艺术史与印度美学,课余经常造访谭云山先生故居和中国学院,受到谭家后人的悉心照料。当时谭云山先生虽已去世,但他的精神仍在印度国际大学师生中传扬。我也决心继承谭云山先生的精神,为促进中印两国的文化交流贡献毕生精力。

印度佛教哲学对中国古代的文学与艺术产生过显著的影响,影响特别深刻的是原始佛教的"苦"谛(Duhkha-satya)与大乘佛教的"空"论(Sunya-vada)。"苦",梵文 Duhkha,英译 Suffering;"空",梵文 Sunya,英译 Void。"苦"谛就是"一切皆苦"的真理,"空"论就是"万法皆空"的学说。

相传佛陀在鹿野苑初转法轮,他说法的要点是四圣谛。第一谛"苦"谛说人生是苦,人生之苦包括生、老、病、死、怨憎会、爱别离、求不得等痛苦。痛苦的原因在于欲望,只有灭绝欲望才能消除痛苦。

要消除痛苦必须遵循正确的道路即八正道或中道。大乘佛教哲学以两个学派为代表，一派是龙树（约150）创立的中观派，一派是无著（约400）创立的瑜伽行派。这两派哲学原来都基于《般若经》宣讲的"空"论。中观派强调智慧（般若），运用辩证的方法，把心与物直接归结为"空"，通过揭露关于"绝对"的所有言论的自相矛盾性显示"空"的真谛；瑜伽行派强调冥想（禅定），采取直觉的态度，把物归结为心，再把心归结为"空"，在冥想深处凭借净化的意识感悟"空"的真谛。

印度佛教哲学的"苦"与"空"的观念，增强了中国文学与艺术的悲剧意识和思辨色彩。

佛教早在东汉（25—220）初期就已传入中国，在南北朝（386—581）时期成为一种盛行的宗教。印度佛教哲学的"苦"与"空"的观念随着印度佛经的翻译被引进中国。南北朝时期战乱频仍，中国人生活在水深火热之中，因此很容易接受佛教的"苦"与"空"的观念。这些观念逐渐渗透进中国文化思想的整体结构，在中国文学与艺术中也引起了明显的变化。北朝时期敦煌莫高窟的《尸毗王本生》、《萨埵那太子本生》等壁画，描绘了割肉贸鸽、舍身饲虎等故事自我牺牲的血腥场面。壁画构图动荡，造型夸张，色彩凝重，渲染着浓烈的悲剧氛围。这些血腥的牺牲场面恐怕也曲折地反映了当时中国人的苦难生活。从那时起，观自在——在中国通称观音，成为最受中国人崇拜的救苦救难的菩萨。为了强调这位男性菩萨的悲悯和慈爱，从隋朝（581—618）和唐朝（618—907）以来，观音的偶像通常被塑造成端庄温柔的女性形象。

印度佛教哲学在更高层次上吸引了许多中国文人，他们迷上了"苦"与"空"的观念。佛教观念找到了进入儒家思想的途径，并与道家玄学融为一体，形成了中国化的佛教禅宗。不少中国诗歌和绘画也受到禅宗思想的影响。例如，王维（699—759）是唐朝杰出的山水诗人和山水画家，他信奉禅宗，主张"心空"。他的山水诗经常描绘"空山"、"空林"景象，他的山水画也追求空寂的意境。苏轼（1037—1101）是宋朝（960—1279）最有才华的文学家，他发现了禅与诗之间的相似之处。他写的一首诗以禅喻诗："上人学苦空，百念已灰冷……欲令诗语妙，无厌空且静。静故了群动，空故纳万境。"苏轼的词境界开阔，在他豪放的词中也发出了"人生如梦"的喟叹。

在清朝（1644—1911）治下佛教一度得到了皇家的庇护。前明朝（1368—1644）的一些遗民对新朝不满，只好到佛教避难所隐居，吟诗作画，影射当朝。清初"四僧"是指四位明朝的遗民"画僧"，包括弘仁（1610—1664）、髡残（1612—1673）、朱耷（1626—1705）和石涛（约1642—1707），他们的绘画主要表现了亡国之痛和人生之苦。髡残在他的一幅名画《树上禅僧图》（树上禅僧是画家自况）中题词："世界婆娑，安居是它。问我来甚，不知云何。处上视下，身处高柯。栖息无虑，乃在鸟窠。人说我险，我说你魔。参空一切，贝叶经多。"朱耷是明朝宗室后裔，在他的一幅手卷《鱼石图》中，有怪石、莲花和两条小鲤鱼。鱼造型怪诞，眼睛朝天，似乎正在逃离世界。朱耷的一首诗提到莲花是佛教的象征和避风港。由此可见，在"四僧"的绘画中体现的"苦"与"空"的观念，反映了对现实世界的厌恶与逃避。

中国古典小说名著《石头记》或《红楼梦》是清朝的曹雪芹（1715？—1763）所作，在某种意义上也是讲述爱情痛苦和人生空幻的悲剧，说明"空即是色，色即是空"（Sunya is Rupa, Rupa is Sunya 或 Void is Form, Form is Void）的哲理。这部小说的题目也叫《情僧录》。在小说第一回，作者借用一位空空道人表达了肯定佛教对万物超自然的先验图式的信仰的主题。结果,"空空道人因空见色,由色生情,传情入色,自色悟空,遂改名情僧,改《石头记》为《情僧录》。"在小说第五回,主人公贾宝玉跟随警幻仙姑神游"太虚幻境"。在"太虚幻境"石碑两边的一副对联是:"假作真时真亦假,无为有处有还无。"根据印度大乘佛教哲学的"空"论,"空"(Sunya 或 Void)即是"真"(Satya 或 Truth),"色"(Rupa 或 Form)即是"假"(Asatya 或 Fiction),也即是"幻"(Maya 或 Illusion)。所谓"太虚幻境"(the Land of Illusion)实际上就是一种"空"的"色"(a Form of the Void),或者说是一种"真"的"假"(a Fiction of the Truth)。在"太虚幻境"里一座宫门上写着四个大字"孽海情天"和一副对联:"厚地高天,堪叹古今情不尽;痴男怨女,可怜风月债难酬。"我们知道,爱情是痛苦的,爱别离是人生最深的痛苦。虽然人可以"自色悟空",但失恋之苦仍然无法从"空"中解脱出来。因此,《红楼梦》的爱情悲剧至今仍能引起无数读者深深的同情。

孙行者与哈奴曼：从《西游记》杂剧看印度文化对中国的影响

毛小雨　中国艺术研究院戏曲研究所研究员

在明代吴承恩《西游记》小说中，由孙行者演变成的孙悟空成为我国文学画廊中一个光彩照人的形象。而杨景贤的杂剧《西游记》正处于散乱的取经故事与文学巨著《西游记》之间，既可以看出孙行者集前代描述的特点，又显示出这一形象在过渡时期的原生面貌，非常值得研究。

关于孙悟空形象的形成，在我国的文献和历史记载中多有类似传说，可以说是历史悠久。刘荫柏先生在《西游记发微》中对此有过简约而又透彻的研究：

> 在我国文学史上描写神猴故事及民间有关神猴的传说，是和龙蛇的传说一样，有着悠久的历史和丰富的传奇内容。汉代焦延寿《易林》卷一"坤之剥"中云："南山大狻，盗我媚妾。怯不敢逐。退然独宿。"赵晔《吴越春秋》中载有袁公与越处女比剑的故事。足见在汉代此类故事传说颇多，那位与越处女斗剑，"飞上树，化为白猿"的袁公，就是孙猴子的远祖。到了唐代，

关于神猴的传说更丰富精彩。《广异记·张铤》中善化人形，"衣褐革之裘，貌极异，绮罗珠翠"，使虎、豹、巨熊都听其指挥的"巴西猴"。《续玄怪录·刁俊朝》中，因在汉江作恶，被上天追查，避祸于刁俊朝妻子脖项内，能大能小，雅好音乐，变化神奇的"猕猴之精"。《集异记·汪凤》中，从地下掘出的石柜中放走被茅山道士鲍知远囚住的"猴神"，遂使"六合烟尘"的故事，在某些方面，均有孙猴子的影子。而无名氏《补江总白猿传》中，平时幻化成"美髯丈夫长六尺余，白衣曳杖"，飞如"匹练"，"半昼往返数千里"，"遍体皆如铁"，"目光如电"，用刀剑砍之，"如中铁石"，又能"舞双剑，环身电飞，光圆若月"的"大白猿"，在较大程度上有着孙猴子的神通。至于李公佐《古岳渎经》（《太平广记》曰《李汤》）中传说的涡水神"无支祁"（李肇《唐国史补》作"无支奇"），则近乎水帘洞中的孙悟空。（引见该书第58—59页）

关于孙猴子来源于无支祁一说，最早来源于鲁迅的研究，他在研究《西游记》小说时说："我以为《西游记》中的孙悟空正类无支祁。"（《中国小说的历史变迁》）《太平广记·李汤》中曰：

> 永泰中，李汤任楚州刺史，时有渔人，夜钓于龟山之下。其钓因物所制，不复出。渔者健水，疾沉于下五十丈，见大铁锁，盘绕山足，寻不知极。遂告汤。汤命渔人及能水者数十，获其锁，力莫能制。加以牛五十余头，锁乃振动，稍稍就岸。时无风涛，惊浪翻涌。观者大骇。锁之末见一兽，状有如猿，白首长鬐，雪牙金爪，阗然上岸，高五丈许。蹲踞之状若猿猴。但两目不能开，兀若昏昧。久，乃引颈伸欠，双目忽开，光彩若电。顾视

人焉,欲发狂怒。观者奔走。兽亦徐徐引锁拽牛,入水去,竟不复出。

关于怪兽的来历,李公佐解释说:

> (此乃)淮、涡水神,名无支祁,善应对言语,辨江淮之浅深,原隰之远近。形若猿猴,缩鼻高额,青躯白首,金目雪牙。颈伸百尺,力逾九象,搏击腾踔疾奔,轻利倏忽,闻视不可久。……庚辰以战逐去。颈锁大索,鼻穿金铃,徙淮阴之龟山之足下。俾淮水永安流注海也。(据刘荫柏编《西游记研究资料》)

孙行者的形象之所以能和无支祁挂上钩来,主要是因为在宋人话本《陈巡检梅岭失妻》、杨景贤《西游记》杂剧、明初无名氏《二郎神锁齐天大圣》杂剧都曾提到。如《陈巡检梅岭失妻》中的自称"齐天大圣"的猢狲精白申公道:

> 弟兄三人,一个是通天大圣,一个是弥天大圣,一个是齐天大圣,小妹便是泗洲圣母。

《西游记》杂剧"神佛降孙"一折中,孙行者自报家门:

> 小圣弟兄姊妹五人,大姊离山老母,二妹巫枝祇圣母,大兄齐天大圣,小圣通天大圣,三弟耍耍三郎。喜时攀藤揽葛,怒时搅海翻江。

无名氏《二郎神锁齐天大圣》第一折,齐天大圣自报家门:

吾神三人，姊妹五个。大哥哥通天大圣，吾神乃齐天大圣，姐姐是龟山水母，妹妹铁色猕猴，兄弟是耍耍三郎。姐姐龟山水母，因水淹了泗洲，损害生灵极多，被释迦如来拿住，锁在碧油坛，不能翻身。

　　从以上引文可知，无支祁与猴行者有血缘关系已是一个不争的事实，治中国文学史的学者已经有过多方面的论述，笔者在此不必赘言。我们所要产生的疑问是，为什么猿猴的传说单单和唐僧取经故事结合在一起，而没有和其他历史上的重大事件结合，在众多的学者当中，对此都语焉不详。因此，笔者不揣浅陋，做一番推考。玄奘西天取经一十七载，在那个交通信息均不发达的时代，可以说是一个惊天动地的壮举。即使在今天，能在多雨、潮湿、高温，饮食和风俗习惯迥异于中国的南亚次大陆待上很长一段时间，也不是一件容易的事。但玄奘坚持下来，并且带回了大量珍贵的经书，写出了有着极高价值的《大唐西域记》，这对于佛教徒和普通老百姓来讲都会感到叹为观止，望洋兴叹。《大唐西域记》是一部翔实准确的著作，对印度的山川地理，人文风物都有生动而又细腻的描述。很多风俗习惯到现在为止也没有改变。如玄奘在该书"馔食"一条中说："凡有馔食，必先盥洗，残宿不再，食器不传，瓦木之器，经用必弃，金、银、铜、铁，每加摩莹。馔食既讫，嚼杨枝而为净。澡漱未终，无相执触。每有溲溺，必事澡濯。"在印度，因吃饭一般都用手抓，吃饭前清洗一下，是很平常的事。旅途中喝牛奶经常用泥烧制的小碗，喝完摔碎，就不再使用。凡此种种现象，现在依然存在。正是因为这本书这种严谨的写法，才赢得了中印两国学者，乃至世界学术界的重视和尊敬。对玄奘事迹的描述，从官方信史来讲，就显得单薄，不够生动。后晋刘煦《旧唐书·方伎传》对玄奘西行就用了不多的文字：

> 僧玄奘，姓陈氏，洛州偃师人。大业末出家，博涉经纶。尝谓翻译者多有讹谬，故就西域，广求异本，以参验之。贞观初，随商人往游西域。玄奘既辩博出群，所以必为讲释论难，蕃人远近咸尊伏之。在西域十七年，经百余国，悉解其国之语，仍采其山川谣俗，土地所有，撰《西域记》十二卷。贞观十九年，归至京师。太宗见之，大悦，与之谈论。于是诏将梵本六百五十七部于弘福寺翻译，仍敕右仆射房玄龄、太子左庶子许敬宗，广召硕学沙门五十余人，相助整比。

正史记载简略，玄奘在印度的传奇经历一笔带过。可是其弟子开始神化乃师，《大慈恩寺三藏法师传》带有浓烈的感情色彩，中间绘声绘色加入很多玄奘在天竺的神奇经历和神话传说。到了宋代，玄奘已成佛祖之一，此时基本已被完全神话，据宋代志盘《佛祖统纪》记载的玄奘已非凡人：

> 贞观二年上表游天竺，上允之。杖策西征，远逾葱岭，毒风切肌，飞沙塞路。遇溪涧悬绝，则以绳为梁，梯空而进。及登雪山，壁立千仞，人持四栈，手足更互着崖孔中，猿臂而过。张骞、甘延寿所未至此也。过沙河逢恶鬼，异类出没前后，师一心念观音及《般若心经》，倏然退散。

《太平广记》也有类似的描述：

> ……道险，虎豹不可过。奘不知为计，乃锁房门而坐。至

夕，开门，见一老僧，头面疮痍，身体脓血，床上独坐，莫知来由。奘乃礼拜勤求，僧口授《多心经》一卷，令奘诵之。遂得山川平易，道路开辟，虎豹藏形，魔鬼潜迹。

可以看出，至宋代，神话了的玄奘的法力已被大家所公认，颇为类似以后的文艺作品中玄奘念经制伏桀骜不驯的孙行者。纵然孙行者有千般变化，但在唐三藏的管教下只能服服帖帖。被神话的玄奘是后世嗣教者为了加强本教的宣传所使用的一种手段，再加上变文中宣讲教义时有夸张、变形的传统，如唐代的《降魔变文》中写舍利弗和六师斗法的一节，已颇像《西游记》小说中写孙悟空和二郎神之间的斗法。正是因为有玄奘取经这一伟大壮举，有变文和传说做铺垫，至宋代产生《大唐三藏取经诗话》是顺理成章的事。

取经故事形成之后，为什么一只猴子能从玄奘大师旁站出来，成了超过玄奘的主要角色，这是一个值得思考的问题。虽然说在中国文化中亦有猿猴形象出现，但我们不能否认印度文化对这一形象的形成产生的影响和作用。印度是一个多猴的国家，即使是现在遍地都是，甚至在首都新德里的总统府中也是到处乱窜，惹是生非，但印度人从不加以伤害，对猴子的可爱非常欣赏，可又对其的调皮大伤脑筋。关于猿子的故事和传说俯拾皆是。佛教经典里本身就有菩萨是猕猴王的记载，如三国时翻译的《六度集经》曰：

昔者菩萨为猕猴王，常从五百猕猴游戏。时世枯旱，众果不丰，其国王城去山不远，隔以小水。猴王将其众入苑食果，苑司以闻。王曰：密守无令得去。猴王知之，怆然而曰："吾为众长，祸福所由，贪果济命而更误众。"敕其众曰："布行求藤。"众还藤至，竟各连续，以其一端缚大树枝。猴王自系腰登树投身，攀彼树枝,藤短身垂。敕其众曰:"疾缘藤度。"众以过毕,两腋俱绝,堕水边岸,绝而复苏。国王晨往案行获大猕猴,能为人语,叩头自陈云:"野兽领贪生恃泽附国,时旱果乏,干犯天苑,咎过在我,原赦其余。虫身朽肉,可供太官一朝之肴也。"王仰叹曰:"虫兽之长,杀身济众,有古贤之弘仁,吾为人君,岂能如乎?"为之挥涕。命解其缚,扶着安土。

这样一个能为众猴而慷慨赴死的猴王,其行为让人看了都深受感动。在玄奘《大唐西域记》中"猕猴献蜜"的故事,同样也是一个有灵性的猴子,最后终成正果:

在昔如来行经此处,时有猕猴持蜜奉佛,佛令水和,普遍大众。猕猴喜跃,堕坑而死;乘兹福力,得生人中,成阿罗汉。

刘荫柏先生认为,"此故事传说亦见《贤愚经》卷十二、《弥沙塞律》卷十、《僧祇律》卷二十九及《佛五百弟子自说本起经》等,并被广泛地见于印度佛门寺院雕刻中。将唐僧取经故事与神猴联系起来,又衍为师徒,恐怕与此说有缘。"(《西游记研究资料》,第298页)确实,猿猴护法得道,肯定会启发后来演绎佛经故事的创作者们。当玄奘归国,成了僧徒楷模之后,为了显示其神异之处,将其取经历程和佛经常讲的神猴结合起来,非常具有迷人的色彩。

此外,关于孙行者及后来的孙悟空这个形象的形成,长久以来还有一种观点,认为其受印度的影响比较大。最早的就是胡适在《西游记考证》里提出的观点。胡适称:

我总疑心这个神通广大的猴子不是国货,乃是一件从印度进口的。也许连无支祁的神话也是受了印度影响而伪造的。因为《太平广记》和《太平寰宇记》都根据《古岳渎经》，而《古岳渎经》本身便不是一部可信的古书。宋元的僧伽神话，更不消说了。因此，我依着钢和泰博士（Baror A.Von Statel Holstein）的指引，在印度最古的纪事诗《拉麻传》（Ramayana）里寻得一个哈奴曼（Hanuman），大概可以算是齐天大圣的背影了。

持类似观点的还有陈寅恪、郑振铎等。①《拉麻传》（Ramayana）现在的译名是《罗摩衍那》。而将《罗摩衍那》译成全部中文的季羡林先生对这一史诗研究最为精深，他"认为哈奴曼就是孙悟空的原型，这个人物形象最初产生于印度，传至中国，经过改造与发展，就成了孙悟空"。并且对孙悟空形象源自无支祁也不能认同，认为："除了无支祁的样子像猿猴之外，二者毫无共同之处。孙悟空能腾云驾雾，变化多端，好像没有听说无支祁有这种本领。如果无支祁是孙悟空的前身的话，那么所有中国故事里的猴子或长的样子类似猴子的东西，都可能是他的前身。"（《西游记研究资料》，第764页）

而反对这一观点的人认为，中国直到20世纪80年代才见《罗摩衍那》全译本问世，即使通过佛经知道《罗摩衍那》故事的，也是在小范围内传播。②

然而，事实并非如此，中印两国佛教僧人交往频繁，加强了两国之间的文化交流。据载，印度僧人很早就来到了中国。这其中有竺佛朔（179）、竺大力（197）。到公元3世纪来中国的有释迦跋澄、释迦提婆等。5世纪的有求那跋陀罗，6世纪有真谛。到隋唐时代就更多了，不胜枚举。4世纪的鸠摩罗什影响最大。他在中国曾系统地向我国介绍过古印度一些重要哲学思想，还翻译了大量佛经。他在我国讲学、译经多年，对我国的宗教、哲学、文学有过重大的贡献。

其业绩像玄奘一样伟大。从中国方面到印度去的学者就更多了，据史书记载，公元前2世纪，中印两国之间就有了接触。在魏晋时就有人去印度学习佛教，据载最早西行求法的是曹魏人朱士行。以后时断时续，从3世纪中叶到8世纪中叶，500年间到印度去的佛教徒就有160多人。在以后的1000年里，这种交往和学习就没断过。《取经诗话》诞生的宋代，两国之间的文化交流仍不绝如缕。不过，此时的文化交流已不是通过佛教做中介，而是通过两国的贸易往来，文化交流的范围更广泛。中国大量从印度进口乳香、麝香木、椰子、木香、珊瑚、象牙、猫儿眼等，而印度则从中国的泉州输入瓷器，这在后来印度、巴基斯坦、斯里兰卡的古代遗址中时有发现。伴随商贸往来，文化交流也很频繁。公元975年，东印度王子来中国。1015年，南印度的注辇国（现今印度卡拉拉邦Kerala）曾派25人的使节团到宋朝互通友好。以后，1020年、1033年、1077年三次派使节来中国。中国前往印度的僧侣、商人也没停止过脚步。966年，僧行勤157人从陆路去天竺求法。其后，僧法遇从水路去印度取回贝叶梵经等物。宋朝赴印度的僧人在伽耶建立了刻有汉文的碑；在印度东南海岸尼伽八丹还有宋僧建立的高达数丈的四方形砖塔。这些纪念物的遗迹一直保持到19世纪。

这些来往的人员如果和整个国家的人口相比不过是沧海一粟，但他们在文化史上起到的示范和推动作用是难以估量的。如玄奘的译经，其一人就解决了译经过程中产生的许多难点，规范了很多译法并一直沿用到今天。如此众多的人到印度，耳濡目染都不会不知道家喻户晓的《罗摩衍那》和神猴哈奴曼的故事。譬如说玄奘在印度生活那么长时间，肯定对《罗摩衍那》的故事非常熟悉，尤其是玄奘长时间活动的地区正是《罗摩衍那》史诗诞生之地。

我们知道，印度有两大史诗《摩诃婆罗多》和《罗摩衍那》，前者产生于西印度,后者产生于东印度。而佛教就是在印度东部兴起的,佛教最初传播的地区就是摩揭陀和与它相邻的憍萨罗。《罗摩衍那》的主要故事就发生在憍萨罗地区。对印度文化有了解的学者认为孙行者是受《罗摩衍那》中的哈奴曼的影响而产生的,反对者则认为中国的孙行者有自己的源头,和印度史诗《罗摩衍那》没有什么关系。我们且不要过早地下断语,先看罗摩的故事形成及和佛教的关系就会有一定的认识。在印度,不管是佛教还是耆那教,都以很崇敬的心情对待大神罗摩。在佛教文献中,《罗摩衍那》的故事早就出现,如1世纪佛教诗人鸠摩罗罗多所著《大庄严论经》中有《罗摩衍那》的完整故事。大约处于1世纪或2世纪的佛教诗人和戏剧家马鸣(Asvaghosa)的叙事诗《佛所行赞》(*Buddhacarita*)的不少地方特别是艺术特点方面,受到《罗摩衍那》的情节尤其是《美妙篇》的情节的影响,而该篇正是关于神猴哈奴曼的重要篇章。《佛所行赞》在印度已散佚,而在中国,却有北凉昙无谶的汉译本存世。对马鸣的认识,还是因为他的戏剧作品手稿残片于20世纪初在我国新疆地区发现后才具体化。很多和《罗摩衍那》有关的佛教文献,现在只有汉译本存世,如前述的《大庄严论经》、《阿毗达磨大毗婆沙论》和《世亲菩萨传》等。[③]佛教往往利用罗摩为本教张目,故事的结尾通常要指出主角是菩萨的化身。如《罗摩衍那》的女主角悉多(Sita)就是从佛教《十车王本生故事》(*Dasaratha Jataka*)而来。

此外,《罗摩衍那》在亚洲地区影响很大,如印度尼西亚、马来西亚、菲律宾、泰国、缅甸、柬埔寨、老挝、日本、尼泊尔和斯里兰卡,这些受印度文化影响的国家,都有罗摩的故事,形式有传说、散文、诗歌、戏剧等。[④]如此影响广泛的《罗摩衍那》不可能单单绕开中国而去,虽然说该史诗的汉文全译本在20世纪80年代才出现,但并不能说没有影响,"而且是广泛而深入"(季羡林主编《印度古代文学史》，第122页）。并且通过季羡林先生的研究发现，根据两部汉译佛典的故事的排列，竟和《罗摩衍那》的故事完全一样。季羡林认为：

第一个是元魏吉迦夜共昙曜译的《杂宝藏经》第一卷第一个故事，叫做《十奢王缘》。内容大体上是：有一个国王，号曰十奢。王大夫人生育一子，名叫罗摩。第二夫人有一子，名曰罗漫（罗什漫那）。第三夫人生子婆罗陀（婆罗多）。第四夫人生子，字灭怨恶（设睹卢衹那）。王喜欢第三夫人，告诉她说："若有所须，随尔所愿。"她当时不提任何要求。国王有病，立太子罗摩为王。第三夫人忽然提出，立她的儿子婆罗陀为王，将罗摩流放深山十二年。国王认为，"王者之法，法无二语"被迫允许。弟弟罗漫怂恿罗摩使用勇力，不受此辱。罗漫不听。兄弟二人即远徙深山。时婆罗陀正在他国，回兵入山，想请罗摩回朝登极。罗摩不肯，将革屣交给弟弟。婆罗陀还国，常把革屣置御座，日夕朝拜，代摄国政。十二年后，罗摩还朝为王。

第二故事是三国吴康僧会译的《六度集经》第五卷第四十六个故事。内容大体上是：从前菩萨在一个大国为王。他的舅舅是另一个国家的国王。舅舅兴兵来夺他的土地。他为了避免战争，不让老百姓受害，带着元妃逃往山林。海里有一条邪龙将元妃盗挟，想回到海里，路上遇到一只巨鸟，堵住道路，被龙用雷电击掉右翼。国王找不到元妃，手持弓箭，到诸山寻觅。路遇猕猴，告诉他为舅舅所逐。双方同病相怜，答应互相帮助。国王说服猴王打败猴舅。猴王派出猴兵寻觅元妃踪迹。遇到被打伤的巨鸟，告诉猴众，恶龙把元妃劫往海中大洲之上。猴兵到了海滨，无法渡海。天帝释化作病猴，前来献计。众猴负石填海，到达洲上,与恶龙搏斗。龙作毒雾,有小猴用天药抹猴鼻子中,以抗毒雾。龙兴风造云,雷电震地。国王放箭,正中龙胸。龙死,小猴开门救出元妃。人猴两王班师回国。此时国王舅父已死,国王又登极为王。国王怀疑元妃贞操,元妃说,她是清白的;如果她说的是真话,大地将开裂。结果大地果然开裂。

以上是汉译佛典中两个故事的简要内容。第一个故事相当于蚁垤《罗摩衍那》的前一半,只是没有悉多的名字;第二个故事相当于后一半,只说"元妃",也没有悉多的名字。把这两个故事合在一起,完完全全就是今天我们熟悉的罗摩的故事。连一些细节都完全吻合到令人吃惊的程度。(《印度古代文学史》,第101—102页)

不管有无译本,中国人是早就知道这个故事的,并且已融入中国文化之中。在文化传播过程中,有时对原型的利用,并不是整体的移植,也可能仅仅是一点由头,就能生发出五彩斑斓的艺术形象来。这样的例子不胜枚举。既然像哪吒这样的人物从印度传来,最后完全中国化,为什么孙悟空形象就不能受哈奴曼影响?另外,由于《西游记》小说的伟大成绩,世人做比较研究时,总爱拿它和《罗摩衍那》相比。殊不知,吴承恩之《西游记》和《取经诗话》以及《西游记》杂剧相比已发生了脱胎换骨的变化,孙悟空的形象比其原型高大许多。如果拿杂剧和印度史诗比较,反而可以发现一些端倪。

我们可以看一下孙行者与哈奴曼的特征。《西游记》杂剧孙行者的前身来源于《取经诗话》中的猴行者。而幻化的人形是"一白衣秀才",自称是"花果山紫云洞八万四千铜头铁额猕猴王"。不光是他,从无支祁起,似乎猿猴的外表形象都颇知书达理。如无支祁"善应对言语",《补江总白猿传》的白猿还是个文字学家,学问更是精深,"所居常读木简，字若符篆，了不可识"。《陈巡检梅岭失妻》的齐天大圣，也是一个"啸风吟月，醉饮非凡美酒"的风雅之士。而杂剧《龙济山野猿听经》的主人公更接近孙行者。他本来是个猿猴，且看他自己唱道：

〔南吕·一枝花〕赤力力轻攀地府欹，束刺刺紧拨天关落。推斜华岳顶，扯倒玉峰腰。怒时节海浪洪涛，闲时把江湖搅。向山林行了一遭。显神通变化多般，施勇跃心灵性巧。

〔梁州第七〕我恰才向寒泉间乘凉洗濯，早来到九皋峰戏耍咆哮。我将这苍松树上身轻跳。我却便拈枝弄叶，摘干搬条，垂悬着手脚，倒挂着身腰。一番身千丈低高，片时间万里途遥。我、我、我，也曾在瑶池内偷饮了琼浆；我、我、我，也曾在蓬莱山偷摘了瑞草；我、我、我，也曾在天宫内闹了蟠桃。神通，不小。只为我肠中有不老长生药，呼风雨逞威要。我在林下山前走几遭，常好是乐意逍遥。

这个曾经闹过天宫的猿猴在剧中先是化为落泊变为樵夫的读书人余舜夫，后变成秀士袁逊，其能力是"五典皆通，九经皆诵"。虽然到了杂剧中孙行者的秀才模样已不复存在，但其前身无不打上读书人的烙印。

关于这一点，胡适则认为："《拉麻传》里说哈奴曼不但神通广大，并且学问渊深；他是一个文法大家；'人都知道哈奴曼是第九位文法作者。'《取经诗话》里的猴行者初见时乃是一个白衣秀才，也许是这位文法家堕落的变相呢！"（《中国章回小说考证》）郑振铎也持这样的观点，认为孙悟空"本身似便是印度猴中之强的哈奴曼的化身"。"他是一个助人聪明的猴子：会飞行空中，会作戏剧（至今还有一部相传为他作的剧本残文存在）。"由此可见，在中印文学当中，猴子有学问这一点是相通的，虽然在杂剧和小说中特征已发生变异，但随着历史越向前推，两者的相似之处越多，更能说明中国猴子原型来自印度这一问题。

关于孙行者的本事，虽然杂剧因为演出的需要，只用一些简单的提示性语言，而不像后世小说描写得那么逼真详细。但其最关键的本事还是一样的。如孙行者在李天王带天兵天将来捉拿他时，他说："小圣一筋斗，去十万八千里路程，那里拿我！我上树化作个焦螟虫，看他鸟闹。"哈奴曼是风神之子，善于跳跃。哈奴曼率猴兵寻找悉多，但到了大海边却苦于碧海辽阔无法渡过。猴子头领鸯伽陀劝众猴兵不要泄气，并建议从众猴中选出跳跃最远的猴子飞越大海。哈奴曼公认是最擅长跳跃的，结果被大家选中。他站在摩亨陀罗山上，一跃过海，来到楞伽城。变成一只猫，潜入城内，在无忧树园中发现了悉多。

此外，关于孙行者的故事，不仅是受《罗摩衍那》中的哈奴曼的影响，而且和印度的民间故事也有关系，这样可以发现文学形象在演变过程的变化、转移，以及整合其他内容的功能。在《西游记》杂剧中孙行者为救被猪八戒的前身妖猪掠去的裴女，特地设了一计，要将他拿下。孙行者说："将你女孩儿别处安顿了，我却穿了他的衣裳，在他房里坐。那魔军来时，你着他入房来，我料持他。"晚唐段成式《酉阳杂俎》卷十二记一故事，说宁王李宪打猎，在草丛发现一个柜子，中锁一少女。少女说自己是被二恶僧劫持至此。李宪救出女子，另将一熊锁入柜中。后僧来将柜子搬入一客栈，开柜欲调戏女子，却被熊咬死。段成式其人对佛教和佛僧颇感兴趣，往来于中印之间的佛僧的事迹及轶闻趣事他都喜欢了解，该书对中印之间的文化交流记载甚多。上述故事很可能是他在了解印度相同故事之后，为叙述方便，而改为中国式的。印度古代文献《故事海》中也有一类似故事：某镇住着一位出家人，他化缘到了一吠舍种姓人家，见到主人的女儿，便起了淫心。他骗主人说，这女儿不吉，一旦结婚就会毁掉全家，应当把她装入箱子放到恒河中漂走。主人便这样做了。出家人命徒弟到下游将箱子捞上岸。在徒弟到达之前，一个王子将箱子捞取，救出少女，并将一只猴子装进箱子。出家人得箱子后，支开徒弟，打开箱子准备行淫，却被猴子跳出来咬掉了鼻子。孙行者救裴女的行动与此是何其相似。在救助妇女方面，孙行者救裴女又和哈奴曼救悉多又是何其相似。

第三，孙行者的关键情节是"闹天宫"。它是孙行者性格和本领的集中展示。在长篇小说《西游记》里"大闹天宫"是全书的华彩篇章。被作者极力渲染。在杂剧中，孙行者自己道："喜时攀藤揽葛，怒时搅海翻江。金鼎国女子我为妻，玉皇殿琼浆咱得饮。我盗了太上老君炼就金丹，九转炼得铜筋铁骨。""我偷得王母仙桃百颗，仙衣一套，与夫人穿着。今日作庆仙衣会也。"因为孙行者破坏了上界的秩序，于是李天王"点八百万天兵，领数千员神将"，同时带上三头六臂的哪吒太子，前来捉拿孙行者，但被孙行者戏弄一番。最后只得靠观音之力，将其压在花果山下。哈奴曼闹魔宫也和这一故事相似。哈奴曼想试一试罗波那的力量，于是大闹无忧树园，杀死卫士。罗波那大惊，派罗刹来捉拿哈奴曼。魔王的儿子因陀罗耆用梵箭擒住哈奴曼，把他带到魔王驾前。魔王想杀哈奴曼。他弟弟维毗沙那加以劝阻。他哥哥接受了他的意见，认为不应该杀使者，只能惩罚。于是在魔王宫中，小妖们用破布条和棉絮缠住哈奴曼的尾巴，泡在油中，然后点火烧着。猴子拖着带火的尾巴，满城窜跳，全城陷入一片火海之中。哈奴曼乘机逃出，又跳过大海，回到摩亨陀山上。这两个情节相似，虽然其间未必有必然联系，但是可以看出，中印两国人民对猴子顽皮、爱蹿上蹿下、偷东西、捉弄人的习性观察是一样的。

所以，塑造出来的猴子个性有很多近似之处。

第四，关于猿猴性淫，喜欢美色这一点，孙行者和哈奴曼也有共同之处。钱锺书在其《管锥编》曾谈到这个问题。他说："猿猴好人间女色，每窃妇以逃，此吾国古来流传俗说，屡见之稗史者也……张华《博物志》卷九：'蜀中南高上有物如猕猴，名曰猴獑，一名马化。伺行道妇女有好者，辄盗之以去，而为室家。'《太平广记》卷四四四《欧阳纥》(出《续江氏传》)记大白猿窃取纥妾，先已盗得妇人三十辈……《类说》卷一二引《稽神录·老猿窃妇人》、《古今小说》卷二〇《陈从善梅岭失浑家》、《剪灯新话》卷三《申阳洞记》皆踵欧阳纥事。"并且钱氏还引用了莎士比亚剧本中的一句骂人话"像猴子一样好色"（Yet as lecherous as a monkey），以此来说明东西方对猴子的看法是一致的。在《西游记》杂剧里孙行者确实保持有这样的特点。

该剧在孙行者出场时就说明他把金鼎国王之女摄在花果山紫云洞为妻，整个是一个恶猴的形象。被唐僧收为徒弟，好色的毛病依旧不改，满嘴污言秽语，只不过因为头上戴着紧箍儿，才不能放肆。在女儿国如入宝山却空手而回，非常失望。而就是这样一个猴行者，在成了唐僧徒弟之后，从掠人妻女的妖怪，变成了救女子的好汉。在《西游记》杂剧里共有两起抢妻的事，一为孙行者，一为猪八戒，抢妻之后，总有人来救，前者为李天王、哪吒和观音，后者是孙行者。但总的故事模式是一样的。在这里孙行者既扮演了抢人妻女的妖怪，又扮演了救人于危难之中的侠义者的形象，非常具有两面性。

而在《罗摩衍那》中这一故事比较单纯，哈奴曼就是一位有着侠肝义胆的猴子，面对着被十首罗刹王（Ravana）抢走妻子而陷入极大痛苦的罗摩，哈奴曼纵身越过大海，见到悉多，带回她的信物。最后作为猴军中最勇猛的大将与罗刹王开战，终于取得胜利。虽然说中国的猿猴故事中的猿猴本性多变好淫，与哈奴曼有较大的区别，但中国的猿猴传说继承了哈奴曼扶危济难的模式，在本质上有近似之处。

总之，孙行者和哈奴曼是诞生在两种不同的文化背景之下光彩夺目的艺术形象，尽管我们难以找到确凿的数据证明两者的联系，可是其相似的特征又使我们不得不进行一系列猜想与论证，这就是不同文化特有的魅力所在。

注释：

① 陈寅恪在《西游记玄奘弟子故事之演变》中认为孙行者的形象是《贤愚经》中"顶生王升仙因缘"与《罗摩衍那》的猿猴传说融会贯通而成。郑振铎在《插图本中国文学史》说："《取经诗话》以猴行者为'白衣秀才'，又会做诗，大似印度史诗《拉马耶那》里的神猴哈奴曼（Hanuman）。""又，最早的戏文，《陈巡检梅岭失妻》（《永乐大典》作《陈巡检妻遇白猿精》），其情节与印度大史诗《拉马耶那》（Ramayana）有一部分相类似。"以上引自刘荫柏编《西游记研究资料》。

② 吴晓铃：《"西游记"和"罗摩延书"》认为："在古代，中国人民是知道'罗摩延书'的，但是知道的人并不很多；而且，对于'罗摩延书'的故事内容的了解是很不够的。"以上引自刘荫柏编《西游记研究资料》。

③ 印度学者瓦·盖罗拉在《梵语文学史》中对此多有论述。引自《印度两大史诗评论汇编》，中国社会科学出版社，1984年3月版。

④ 季羡林主编：《印度古代文学史》中有一节专门谈《罗摩衍那》"在国内外的影响"。材料来源于Romila Thaper，《流放与王国》，作者写了"亚洲的《罗摩衍那》传统"（The Ramayana Tradition in Asia）一章。

跨文明相遇：从印度电影到中国电影

丁亚平　中国艺术研究院电影电视艺术研究所所长、研究员

文化在一定意义上是人类思想、观念、精神和情感等的呈现载体，而艺术作为人类精神活动的产品，是文化的一部分。文化、艺术交流迷人的力量来自于不同文化圈的跨文明相遇与不同思想精神密码的诠释、把握和借鉴。1928年，谭云山先生接受印度诗圣泰戈尔的邀请去印度国际大学任教，从不同的文化背景，以新的文化视野持续地系统研究、解读中印文化艺术，"穿越了喜马拉雅山的屏障"，为中印文化交流树立了一个典范。谭云山先生是历史上中印文化交流的桥梁，很好地起到了帮助中国人较多地了解印度的作用。与此相似，印度电影及其深嵌于时空背景中的传播和不同演进轨迹，也是如此。

2010年12月温家宝总理访问印度。在为温总理访印举办的中印文化界人士座谈会上，印度著名电影导演郭斯发言，他希望加强中印电影界间的交流。郭斯的话引起了温家宝的回忆。温总理提到了印度电影，还即兴哼唱起印度电影《流浪者》的主题曲《拉兹之歌》，这熟悉的旋律引起现场人们的共鸣。印度电影在中国影响力一度非

常之大，它的载歌载舞的形式非常特别。影片《流浪者》拍摄于1951年，早在"文革"前就已引进，并在中国放映。1976年到1978年间，不少影片，包括曾经被打为"毒草"的国产影片，以及一部分外国片，共计有600多部，陆续通过复审审查，重新恢复上映。印度影片《流浪者》就是其中之一。《人民日报》1978年12月29日刊发的一则报道，题作《元旦起将上映一批中外影片》。其中这样写道："将在元旦上映的外国影片有：根据19世纪法国著名作家雨果的同名小说改编的彩色宽银幕故事片《巴黎圣母院》，英国故事片《女英烈传》，以及'文化大革命'前曾在我国上映过的印度故事片《流浪者》。""文革"前的具体引进上映的时间是1955年。

经过复审的这部《流浪者》，在1979年元旦和中国观众见面，在当时成为文化、社会事件，成为怀旧式甚至是作为批判性评价的来源。当时，街头巷尾都传唱起《流浪者》的插曲《拉兹之歌》，而影片对于"好人的儿子一定是好人，贼的儿子一定是贼"这种逻辑的批判，激起中国观众强烈的共鸣。《拉兹之歌》旋律比较容易传唱，融入情感投入以及演唱所带来的快乐，一时间成为流行歌曲，"阿巴拉古"成了人们挂在嘴边的小调。此外，还有一部《大篷车》，在中国影响也比较大。印度电影因此成为中外电影、艺术和文化交流中的一种修辞风格，它体现了某种跨文化相遇的视角，影响着人们对历史、文化的解释。

不消说，《流浪者》等印度电影充满了价值色彩，主要反映了东方的价值理念，而且是开放的、包含范围更广的内涵。中国观众当然希望能看到更多像《流浪者》这样的好影片。近些年，在中国放映的印度电影一度非常罕见。进入21世纪以来，影市及不同观影平台（如网站、DVD等）以一种新的方式继续了曾经中断的中印电影交流工作。像2003年的中国电影市场上引进的影片中，就不乏印度电影。

2008年英国人拍摄的印度题材电影《贫民窟的百万富翁》获得奥斯卡最佳影片，再次引起人们对印度电影的注意。近年来，印度电影开始在中国观众和研究者中产生较为重要的影响。

2008年拍摄、2009年初上映的印度故事片《从月光集市到中国》，是一部与好莱坞合拍的影片，它的原名叫《中国制造》。影片讲述了一个月光集市上的小厨师到中国来历险的故事，其中，戏仿了中国大片（如《英雄》、《满城尽带黄金甲》、《功夫》、《色戒》等）中的经典场景，拍得非常好看。影片中的"中国"想象、武打场面和无厘头风格很多来自于香港功夫片。从这部动作喜剧片中可以看出中国大片和香港功夫片的国际影响。可惜这部影片并没有能够引进到中国放映。

在2010年中国20部进口分账影片中，出现了一部宝莱坞电影《我的名字叫可汗》。片中，主人公可汗说：我想和美国总统说的是，我的名字是可汗，我不是恐怖分子。这部影片，尽管没有像其他在中国放映的好莱坞大片《阿凡达》、《盗梦空间》等一样引起广泛的影响。但是，它被视为印度版《阿甘正传》，在一些专业电影工作者和重量级影迷那里却非常有口碑。影片因为表现了"9·11"后美国社会对于穆斯林的歧视、迫害的现实议题，而引人思考。2010年下半年，另一部宝莱坞电影《三傻大闹宝莱坞》，也在网络上受到中国观众的喜爱。此外，影片《机器人之恋》载歌载舞，且将其置身于印度当下而非过去的传统中，其中五幕大型歌舞让中国观众感觉非常过瘾。

印度电影无疑为中国电影提供了一种必要的启发式手段，它独一无二的影音、影像话语，已经成为现在以至未来中印文化之间新的而又可能比较持久的纽带的化身。但是它也总是面临着一种风险。中印电影的发展，体现出平行逻辑原则，这与中印两国互不了解的现状有关。但是，中国电影和印度电影远非二分的范畴，积极互动，对于中国当代电影来说，它在一定意义上也带来电影创作、生产、电影思想的解放。这样一种跨文明相遇，是具有普遍意义的。随着电影文化与电影产业的发展，全球性语境下的亚洲电影走向问题，作为21世纪当代电影实践及理论研究核心的问题，开始受到人们的热切关注。中印电影有交集，更有差异，现在的交流确实比较少，它们的现状与发展是复杂的，事实上，它们的很多发展趋向在历史上是出奇的简单，甚至是重复的。涉及民族情感与文化认同，跨文明相遇中的民族电影以至整个亚洲电影的发展呈现出一种感性气质。

曾有记者问我，中国电影在印度的情况。在这方面，作为文化交流的一种形式，中国电影"走出去"有着多重含义与图景，并非所有这些含义都可以还原为具体的方法和数字。在20世纪七八十年代中国电影发行机构在印度有分支机构。但这些年的中国电影在印度的发行，就趋于销声匿迹了。因为印度的电影市场环境较为封闭，好莱坞都不太打得进去，何况是商业化程度并不高的中国影片。

印度电影在当代发展过程中，商业电影语境发挥了重要作用。印度电影宝莱坞作为世界商业电影的一个重要分支，之所以成绩卓著影响巨大与此有重要的关联。

宝莱坞和印度其他几个主要影视基地构成了印度的庞大电影业，每年出产的电影数量和售出的电影票数量居全世界第一。它的电影票数量之所以极高，与它票价比较便宜、它的观影人次非常之多有关。宝莱坞对印度以至整个印度次大陆、中东以及非洲和东南亚的一部分的流行文化都有重要的影响。宝莱坞或以用来泛指印度主流商业电影。印度电影中的情节剧模式，首先来自通俗歌舞、文学和戏剧的情节设置，是印度电影最基本、最重要的结构基础。像印度电影中"马沙拉"影片指的是一种将爱情、戏剧、打斗、歌舞、喜剧等类型成分熔于一炉的"大杂烩"电影。歌舞场面是亦歌亦舞的"马沙拉"电影的形象识别标记。而其风格的新生也帮助了类型生命的延续。现在，宝莱坞每年要生产一百多部影片。宝莱坞电影类型丰富，影响广泛。其中包括：1. 爱情片（歌舞、爱情与其他诸类型的杂糅），比如《宝莱坞生死恋》。2. 伦理片，如《花无百日红》、《古鲁》等。3. 黑帮片，如2010年的《风筝》和早先的《印度教父》等。4. 战争/史诗片，如《阿育王》。5. 复仇片，如《血洗鳄鱼仇》、《夜幕下的男人》、《大篷车》。6. 恐怖片，如《13楼B座》（2009）。其他类型片种，还包括喜剧片、科幻片、体育片、动作片、枪战片等。

印度电影繁荣在市场机制、明星及大众化机制之外，还包括围绕着民族和民族问题的文化原因，如文化传统、本土民族性格、宗教等的影响。杰拉德·德兰迪认为，民族主义是一种关于现代性当中某些重要的生成性时刻的表达形式。印度电影的新演进和变化轨迹以现代性与自由作为伦理基础，对民族主义进行了当代化处理，但民族主义已经作为一种持久的力量在印度影片当中存活以至扩大开来，因为它总是成功地找到了民族化带来的诸种问题的生动具体的解决方案。这为当代印度电影的发展提供了活力。

随着文化民族主义思潮的兴起，中国、印度以至亚洲电影既呈现一种平行发展的概念，而且具有不确定性，同时又存在于十分广泛的理解之中。进入新世纪，中国逐步融入世界，全球化慢慢成为一个众所关注的焦点与问题。新时期到现在，中国电影走出国门的历史不过才30年多一点儿的时间，而以美国好莱坞为代表的国外电影开始大举进入国境、蚕食国内电影票房，这个时段的时长，不过短短的十几年。但在这不算太长的时间内，中国电影的生态环境却已然发生了翻天覆地的变化。随着中国社会发展进入调整发展阶段，中国电影进入高速增长的阶段。2003年中国电影仅有10亿元票房，而到2010年，则达101.72亿元的票房，拍摄了526部故事影片，从拍片数量上仅次于印度和美国。2009年上半年票房29亿元，2010年上半年48亿元，2011年上半年55亿元。银幕数达到7300块（去年同期是5260块），而到2011年年底，银幕数有望接近1万块，而与目前有将近1万块银幕的印度持平。但是，银幕数目并不是关键要点，印度电影现状与发展坚守平行逻辑，把化约为"国家化"的多样性的电影认知保留下来，和中国电影不尽相同，而且，在不少方面，对中国民族电影和国产大片不无启示、启发的意义与作用。

自2005年起，印度电影年产量达到1000部以上，不仅在产量上超过好莱坞，而且迄今为止印度电影依然占据本土95％的票房，好莱坞的市场份额不到5％。从电影产业博弈模式上看，如果说美国模式注重全球化与商业化，法国模式注重艺术至上与文化，而日韩模式注重国际化特色与本土化相结合，那么，自产自销就是印度模式的特征。印度电影在本土拥有巨大的观影人数，据统计2008年已经达到33亿人次，是总人口的三倍多。而且更重要的是，占据印度总人口70％的农民是印度电影的主流观影群体。宝莱坞在保持民族化、"国家化"和程式化的叙述风格的同时，也以一种弹性的商业电影的形式和影片间传递的情况，还原为"东方主义"的建构，与激烈巨变中的民族与社会保持一种互动，而这恰好是目前异常火爆的中国电影所不具备的。

显然，电影有时是一种时代的文化、社会的政治的视觉形式，需要尽到自己应承担的社会责任。电影当然一直努力证明自己是一门艺术，但在本质上未必如此，尽管在某些场合它也确实作为艺术出现过，但我们仍然无法确信电影就是一门艺术。在跨文明相遇中，电影话语无疑总是同表意及其时代历史语境和文化意义有关，所代表的是民族与人心中的文化意义，时代、社会和文化生活的所有方面都或是被本地区、本民族的电影语言构成的，或是被与电影语言相联系的时代、政治、文化、情感与符号系统制约并主导着的。虽然我们倾向于认为，认同好莱坞，进军好莱坞、北美以至欧洲市场是很自然也是很重要的事情。所有元素都服务并服从于叙事，这种建基于人类共同审美经验基础上的稳定叙事模式，同样在构成印度电影、中国电影明显不同于其他电影类型的异质性特征的同时，也建构了印度、中国以至其他民族电影公共性的话语体系，使民族电影在文化根基上具有了大众化、普泛性的审美品格，为包括印度电影、中国电影在内的民族电影在全球范围内的传播奠定了广泛的观众基础。

电影在当代社会中的影响力，有力地证明了电影在时代中的位置。随着全球化的发展，电影在新一拨的市场化、产业化的高潮之际，呈现了不少新的特点：一是传统与现代的联系。电影的生存依赖于地域文化与共同影市的纽带，要拍出有深度、吸引观众的作品，背后最重要的影响因素仍然是文化。二是开放与竞争的态势。不少国家都有很强的电影节情结，有很强的好莱坞情结，渴望被主流国家与地域的电影市场及观众认可。但是，多元性语境下的民族化生存以及开放式的竞争趋向，并不是坏事。三是从印度电影、日本电影、韩国电影到中国电影，亚洲电影携手合作、追求共赢的未来发展格局，已初现端倪。但是，亚洲电影在民族性的独特资源发挥上有待进一步合作。在迅速进入世界体系的同时，类如印度"马沙拉"这样的民族电影模式在不断发展与扩大自身的影响，同时又以国际电影市场为民族电影经济发展的基点。本土化策略、类型意识与各个国家、民族传统文化、民族歌舞形式相融合，打造出民族风格浓郁而又易为大众接受的独特商业类型，这已是亚洲电影的重要趋势之一。印度电影、中国电影以至亚洲电影有着很好的互融、发展机会。电影市场相当完整地呈现在人们的面前，也为自己进一步赢得了发展的契机。应该说，亚洲电影未来之林的成长与繁荣，将有力地促进世界电影进一步发展。21世纪电影化了的精神世界是提升亚洲电影的产业形势和发展现况的驱动力，同时也是亚洲文化共同构建的范型与趋向的重要基础。

　　文化是沟通不同民族的桥梁。中印交往的历史上溯两千多年。谭云山、泰戈尔等中印文化交流先贤，为中印文化交流与合作指明了方向，也有助于我们深入认识整个文明、文化发展与交流中的复合体及图景。跨文明、跨文化间的历史联系与交往，意味丰富、悠长。电影这种当代大众艺术在跨文明相遇中，既有力地促进中印之间以至世界人民、亚洲人民的交流，也为民族电影尽量克服电影全球化或市场化这些范畴上的西方中心论，发挥着独特的作用。世界电影间的连动与结盟，文化资源发挥、民族、政策以及电影管理、电影市场、产业和生存空间的拓展是重要驱动因素。

我的"印度情结"
——为"谭云山现象与21世纪中印文化交流——中印文化艺术界高层论坛"而作

欧建平　中国艺术研究院舞蹈研究所所长

"谭云山！"我头一回听到这个名字，居然是在印度！1986年12月，我按照《中印文化交流协定》首次赴印度考察期间，在加尔各答参观由泰戈尔先生创办的国际大学时，校长先生不仅郑重其事地谈到了泰戈尔对中国文化的热爱与崇尚，而且还介绍了由他创办的中国学院，以及两任院长——谭云山先生和他的儿子谭中先生。

感谢"谭云山现象与21世纪中印文化交流——中印文化艺术界高层论坛"在北京召开，特别是要感谢组委会给我的邀请，使我能够静下心来，重温近30年来扎根于我内心深处的"印度情结"，庆幸这令人迷醉的印度文化给主要从事中外舞蹈交流的我奠定了"多元美学"的基础，并希望将来能有更多的机会，为发展中印两国人民的交流和友谊，促进各国人民的互助与互信，维护整个世界的和平与安宁，做出崭新的努力！

中印交流源远流长

中印两国间的交流源远流长，不过中国百姓对印度的家喻户晓则十有八九是因为明代吴承恩的著名小说《西游记》，而唐僧取经的"西天"，则是后来的印度。

欧建平、薛天1986年参观泰戈尔国际大学

中国人不分男女老少都特别喜欢的，那个法力无边且爱憎分明的孙悟空，据说是从印度著名的梵语长诗《罗摩衍那》中的猴神哈奴曼演变过来的。在我1986年12月首次访问印度，路过一座铁锈红颜色的大山时，印度文化关系委员会陪同我们的夏尔马先生则说："这就是你们《西游记》中的火焰山！"

中印两国交流与影响的例证，实在是不胜枚举！不过，我认为，既然是交流，就一定是双向的。我的论据是，任何个人或民族，无论他是多么的强大，在看到比自己更优秀的物质或精神成果时，一定会去努力地学习，并把它们变成自己的。但是，就目前我所看到的研究成果而言，印度对中国的影响可谓比比

欧建平2000年与印度舞蹈大师卡皮拉·瓦茨雅岩

皆是，而中国对印度的影响我却了解不多。对于我的这个观点，印度的前辈舞蹈大学者卡皮拉·瓦茨雅岩教授非常认同，但"中国对印度的影响究竟体现在哪里？"她说，"只有靠你自己来印度寻找了！"

我的"印度情结"

30年前，我有幸进入了中国艺术研究院，从研究生成长为研究员，成了一个以翻译和写作为最大快乐的人，而我的"印度情结"则来自这样两个巧合：在我已发表的七百多万字的评论、译文、论文、专著和译著中，我的第一篇评论和第一篇译文，居然都是关于印度舞蹈的！

不过，我真正地爱上印度，还是从1985年初在中国艺术研究院研究生部舞蹈系毕业，留在舞蹈研究所从事外国舞蹈研究开始的。二十多年来，我曾先后应中国艺术研究院外事处、中国艺术研究院文化研究所、中国舞蹈家协会、中央音乐学院、哈特艺术沙龙等单位的邀请，在国内为二十多位印度专家学者的丝路考察、巡回演出、学术报告、论文宣读做过全程陪同和英文翻译，专家中包括了国际著名印度艺术史学家萨尤·多希博士和频频在国际获奖的摄影家泰基比尔·辛格一行2人（1985）；著名维纳琴演奏大师、南派古典音乐代表人物B.巴拉琴代博士及其4位弟子K.R.嘎奈西、V.拉加西卡、V.苏莱什、S.B.S.拉曼，著

欧建平1986年与印度著名美术史学家萨尤·多希

名西塔尔琴演奏大师、北派古典音乐代表人物伊姆拉特·汉及其夫人、儿子——才华横溢的塔布拉鼓青年演奏家舍法特·汉，著名音乐演唱家及美学家 M.R. 高特姆博士一行9人（1986）；著名莫黑尼·阿塔姆流派古典舞表演家卡纳克·瑞丽博士、著名卡塔克流派古典舞表演家乌玛·夏尔马小姐、著名现代舞蹈家纳南德拉·夏尔马先生、著名音乐评论家 B.V.K. 萨斯特里先生一行4人（1990）；著名卡塔卡利古典舞及现代舞表演家阿斯塔德·德布先生（1993），多位印度知名文学家（1994），国际著名舞蹈史学家、英迪拉·甘地国家艺术中心主席卡皮拉·瓦茨雅岩博士（1996），国际著名舞蹈史学家苏尼尔·卡塔里博士（1998、2010）、国际著名英籍卡塔克舞蹈家阿克拉姆·汉及其当代舞蹈团（2002）等，并以印度的民间舞、古典舞、现代舞、当代舞和电影歌舞为主题，做过多场视听并举的学术报告。

巧夺天工的泰姬陵

不过，最让我在当时触目惊心，随后则魂牵梦萦，并帮助我建立起"多元美学"概念的重大事件，还是我1986年首次赴印度考察时对泰姬陵的造访！尽管在此前陪同多批、多位印度专家学者访华的过程中，我曾多次听到"不到泰姬陵，枉作印度行"的说法，并且还曾联想到毛泽东主席那句"不到长城非好汉"的名言。但在我最终到达并进入泰姬陵之前，真是连做梦也不会想到，它那玲珑剔透、巧夺

天工的"精美"，是
足以同我们中国长城
这绵延万里、气吞山
河的"壮美"相媲美
的！尤其是对于在上
大学前，曾做过三年
多玉雕花鸟工的我来
说，泰姬陵那完美镶
嵌在所有内壁上，琳

玲珑剔透的埃罗拉石窟

琅满目、以假乱真，用不同质地与色彩、相同色彩却不同色度的玉石，精心雕刻出来的片片花瓣，不仅巧妙拼接成了无数朵生机盎然的花头，而且精心打造出的三维立体的美感，再配上穿枝透梗的布局，最终构成的那刺绣般细密的玉石百花图案，令我至今心动过速！

在1986年的首次访印旅程中，天天皆有的高峰体验还包括在加尔各答，北派音乐大师伊姆拉特·汉先生为了感谢我在其中国巡演中的精心照顾与倾情配合，专门在其府上，以最高的规格率领其5位杰出青年演奏家的儿子，并特邀了小儿子舍法特的塔布拉鼓的师傅一道，专门为我演奏了整整一个晚上，不仅让我再次零距离地感受到了印度古典音乐的博大精深，更让我重新体验到了印度艺术家对中国同行的深情厚谊！

我的印度文化

坦白地说，印度的舞蹈曾经并依然使我心醉神迷，那抑扬顿挫的舞步，那变幻莫测的手势，那眉目传情的眼神，那婀娜多姿的造型，每每令我热泪盈眶，无论是在印度的舞台上，还是在中国的剧场里，都是这样。

印度的音乐曾经并依然使我不可自拔,那令人迷醉的"拉格"(旋律),那跌宕起伏的"塔拉"(节奏),那如泣如诉的歌声,那缠绵悱恻的意蕴,常常使我心驰神往,无论在印度的乐坛上,还是在中国的音乐厅里,都是这样。

印度的美术曾经并依然使我叹为观止,那巧夺天工的"阿旃陀"壁画,那玲珑剔透的"埃罗拉"雕塑,那精美绝伦的"细密画"构图和用色,那富丽堂皇的"纱丽"色彩和质感,总能唤起我的遐想,无论在印度的石窟、博物馆和街头巷尾,还是在买回中国来的大批书籍和画册中,都是这样。

琳琅满目的印度教寺庙

印度的文学和戏剧曾经并依然使我百看不厌,那世界最长的叙事史诗《摩诃婆罗多》,那取之不尽的创作源泉《罗摩衍那》,那闻名遐迩的美学文献《乐舞戏剧论》,那脍炙人口的戏剧经典《沙恭达罗》,总能唤起我的激情,无论在印度的国土上,还是在中国的大地上,都是这样。

印度的宗教曾经并依然使我神秘莫测,那深刻影响过中国人精神生活的佛教,那更加崇尚人间烟火的印度教,那主张返璞归真的耆那教,那既相互影响又彼此独立的各派教义,一直对我而言如同天书,无论在印度那香烟袅袅的庙堂里,还是在各种各样的汉语译本中,都是这样。

印度的哲学曾经并依然使我望而生畏,那包罗万象的《吠陀》

经典，那"梵我同一"、"轮回解脱"的唯心主义思想，那"顺世派"、"生活派"、"数论派"和"瑜伽派"的代表性观点，那"胜论派"、"正理派"、"弥漫差派"和"吠

热情友好的印度人民

檀多派"的世界观和认识论，一直让我扑朔迷离，无论在印度那充满思辨的国度里，还是在各种各样的汉语专著和译著中，都是这样。

我的印度著译

正是由于如此的痴情和这般的迷茫，我才从1989年开始，先后翻译了《东方美学》和《印度美学理论》这两部重要著作。同我三十多年来大量翻译舞蹈、音乐、美术、文学著作的经历相比，我的这种冒昧和倔强给自己带来了太多个不眠之夜，但我的这种耐心和坚持也给自己带来了太多的快乐时光。尤其是在翻译后者的过程中，我遇到了更大的麻烦，但困难不在于该书的文字艰深，也不在于书中的哲理玄妙，因为这本书是用英文撰写的，而且论述的对象大多是文学和戏剧的；它的难度主要表现在频频使用的梵语术语上，而这些术语中，常常是一个，便足以搞得我焦头烂额，不得安宁，有时甚至花了几个小时，甚至一整天，也无法从各种汉语的著译中查到各自的含义，就连我1988年赴美访学期间从纽约买回的大部头的《哈珀印度教神话、民俗、哲学、文学和历史辞典》，也不能解决全

印度小女孩美丽动人的大眼睛

部的问题。那个情形真是为这个英语成语提供了最好的例证：我啃了一个十足的"硬栗子"！

正当我走投无路之时，中国舞蹈家协会的老师们给我提供了可遇而不可求的良机——邀请我为他们主办的印度舞蹈家代表团的"丝路考察"担任口译。于是，我把所有查不到的梵语术语抄在了几十张卡片上，并抓住频繁乘坐飞机的机会，随时插空请教出身梵语世家的著名印度古典舞蹈家卡纳克·瑞丽博士，由此解决了全部的问题。

《东方美学》和《印度美学理论》这两部译著出版二十多年来，不仅让我的"印度情结"得到了比较充分的抒发，让我的美学观念得到了进一步的拓展，更成为汉语东方美学研究者们的必读文献，并经常在他们的学术论文和论著中得到引用——这一切，都是让我颇感欣慰的。

与此同时，我还在自己的四部舞书中，收入了多年来学习和研究印度舞蹈的内容，从而为广大的读者们了解和热爱这种令人眼花缭乱、心醉神迷的艺术，提供了大量的机会。

我的真心希望

在未来的岁月里，我真心地希望能有更多的机会去亲近印度，去拥抱他的伟大人民，去学习他的伟大文化，为密切中印两国人民的传统友谊，继续付出自己的绵薄之力！

参考文献：

1. 〔美〕芒罗著、欧建平译：《T.东方美学》，北京，中国人民大学出版社1990年版。

2. 〔印〕苏蒂著、欧建平译：《P.印度美学理论》，北京，中国人民大学出版社1992年版。

3. 欧建平：《世界舞蹈剪影》，北京，人民邮电出版社1989年版。

4. 欧建平：《人体魔术：舞蹈》，杭州，中国美术学院出版社1994年版。

5. 欧建平：《舞蹈美学》，北京，东方出版社1997年版。

6. 欧建平：《世界艺术史：舞蹈卷》，北京，东方出版社2003年版。

7. 欧建平：《外国舞蹈史及作品鉴赏》，北京，高等教育出版社2008年版。

8. 欧建平：《舞蹈鉴赏》，南京，江苏教育出版社2010年版。

印度宝莱坞电影及其对"中国大片"的启示

张慧瑜　中国艺术研究院电影电视艺术研究所助理研究员

一、印度电影与中国的相遇

"月光集市"是印度旧德里的一座历史悠久的集市,《从月光集市到中国》就讲述一个月光集市上的小厨师到中国来历险的故事,这部2009年初上映的印度电影(与好莱坞合拍)戏仿了中国大片(如《英雄》、《满城尽带黄金甲》、《功夫》、《色戒》等)中的经典场景,影片中的"中国"想象、武打场面和无厘头风格多来自于香港功夫片。从这部动作喜剧片中可以看出中国大片和香港功夫片的国际影响,而电影之外的事实则是中国制造早已打入包括月光集市在内的印度市场,有趣的是,这部电影的原名就叫《中国制造》。可惜,这部"中国制造"并没有能够登陆中国影院。2010年在20部进口分账影片中出现了一部宝莱坞电影《我的名字叫可汗》,尽管这部电影没有像其他的好莱坞大片《阿凡达》、《盗梦空间》等引起广泛的影响,但是这部印度版《阿甘正传》却处理了"9·11"后美国社会对于穆斯林的歧视、迫害的现实议题。2010年下半年借助网络或盗版,另外一部宝莱坞电影《三傻大闹宝莱坞》成为中国小资的最爱（目前在豆瓣"印度电影"中排名第一，9.2分），影片嘲弄了以分数、考试、学位、金钱作为成功标志的印度精英教育，还涉及印度国内的阶级差别和大学生自杀问题。

这些叙事精彩、故事好看又带有某种现实关怀的宝莱坞电影[①]，似乎依然保持着"三段舞蹈，六个插曲"的经典叙述模式，但是与常见的浪漫爱情故事片不同，这些影片并不满足于仅仅讲述一个帅哥靓女的爱情故事，而是敏锐地捕捉印度社会中的诸多现实问题。正如2010年上映的印度喜剧片《自杀现场直播》，就触及了近几年来印度农民自杀的问题。据报道1997年以来，印度已有两万五千多农民因还不起非法高利贷而自杀[②]，影片嘲弄了各种媒体、地方势力、多党政治表面上关心自杀农民的问题，实际上不过是为了收视率和拉选票，对于真正自杀的农民却视而不见。新世纪以来宝莱坞在大量翻拍、山寨那些卖座的好莱坞电影的同时，也出现了相当多对印度社会和发展中的诸多问题有所呈现和批评的影片。从这个角度来说，印度电影不只是苦难现实的避难所（正如印度电影中的歌舞场景往往是超现实的完美时刻），也承担着通过暴露社会矛盾来抚慰、缝合伤口的功能，或许后者比前者更为有效地实现了主流商业电影的意识形态效果（如同嗅觉敏锐的好莱坞总是密切关注美国社会的风吹草动，及时为作为观影主体的中产阶级观众提供想象性抚慰）。

中国观众对于印度电影的印象多来自于20世纪七八十年代之交放映的《流浪者》（早在1955年就引进中国，80年代是复映）和《大篷车》。除此之外，五六十年代和80年代还分别译制了《两亩地》、《道路之歌》、《哑女》、《迪斯科舞星》等几十部印度电影，给观众留下了载歌载舞、故事程式化的印象。这些印度影片之所以能够进入中国很大程度上与50—70年代对于亚非拉等第三世界艺术的关注有关。随着80年代中国主流的文化想象从亚非拉转向美国/西方/世界,印度电影逐渐淡出中国人的文化视野。直到2003年《印度往事》这部因获得奥斯卡提名而成为中国1994年以来首部进口分账大片。另外,2008年英国人拍摄的印度题材电影《贫民窟的百万富翁》获得奥斯卡最佳影片,再次引起人们对印度电影的注意。可以说,从20世纪90年代以来这些零星的与印度电影的遭遇也是通过奥斯卡的"中转站"。

相比新世纪以来中国大片多是古装武侠或历史传奇,仅仅依靠奇观化的影像和去历史化的叙事来吸引中产阶级都市观众,远远无法触及激烈巨变中的中国社会,甚至连中产阶级自身的生活也很少涉及,因此国产大片一上映往往就遭遇网友的恶评。尽管2010年中国电影票房已经突破百亿,但是"叫座又叫好"的主流商业电影依然凤毛麟角,而真正能与当下中国社会产生有效互动的影片更是鲜有出现。在这个意义上,好莱坞并非中国电影产业的唯一参照和追赶的对象,宝莱坞电影也许可以提供不一样的文化视野。

二、印度电影的"新生"

与2002年中国电影产业在《英雄》式的古装武侠大片的带动下走向复兴相似的是,印度电影经历90年代卫星电视的巨大冲击之后也逐渐走向"新生"。新世纪之初电影业成为印度政府认可的正式产业,可以合法地从正规渠道得到制片资金,从而根本解决80年代以来印度电影业向黑社会寻求资金支持的状况。而一些地方政府出台相应的扶持政策,如取消娱乐税使得电影票价大大降低(其电影票价不到中国的十分之一)。在这种状况下,印度电影逐渐从作坊式生产或自由竞争的状态开始进入大制片公司运作的时代(如出现UTV公司等好莱坞式的印度电影公司)。其中,最为有效地改变印度电影面貌的方式就是大量翻拍好莱坞电影，出现了印度版《超人》、《教父》、《钢铁侠》等。印度电影善于学习好莱坞的叙事风格、类型元素和剪辑方式，即使歌舞段落也逐渐 MTV 化，甚至增加摇滚、说唱等新鲜元素。近几年，宝莱坞也开始制作大片，如2010年出现了两部制作费用超过3000万美元的影片，黑帮爱情片《风筝》和科幻动作喜剧片《机器人之恋》。可以说，新世纪以来的宝莱坞电影不仅拥有成熟的

《从月光集市到中国》海报

商业电影的叙述风格，而且拥有丰富的电影类型，如科幻片、历史片、动作片、恐怖片等。

　　不仅仅如此，以宝莱坞为代表的印度电影是世界电影史中少有的例外，尤其是在后冷战时代好莱坞席卷全球而所向披靡的背景下，印度不仅在产量上超过好莱坞（自2005年年产量达到1000部以上），而且也是唯一让好莱坞电影望尘莫及的区域，迄今为止印度电影依然占据本土95％的票房，好莱坞的市场份额不到5％[3]。当然，更值得关注的是，印度电影在本土拥有如此广泛和巨大的观影人数，据统计2008年已经达到33亿人次，是总人口的三倍多[4]，即使占据印度总人口70％的农民也是印度电影的主流观影群体[5]。相对目前中国电影的主流群体（80％以上）是15—35岁的都市青年人，白领、小资和中产阶级等中等收入群体成为中国大片的主要消费者（从30元到100元不等的电影票价可以看出）[6]，印度电影可谓名副其实的大众（大多数人的）艺术。看电影成为印度人最为日常化的娱乐形式

（与中国不同，印度的电视观众多是生活在城市里的中产阶级[⑦]），难怪一位印度导演这样描述电影对于印度人的意义，"印度电影既是夜总会又是神庙，既是马戏团又是音乐厅，还是比萨饼和诗歌研讨会"。

印度自90年代在国际货币基金组织的帮助下推动私有化、市场化的新自由主义改革，使得印度经济获得高速发展，尤其是以IT业为代表的信息产业和外包服务业。这种全球化的后果一方面使印度大城市中催生出人口比例虽小却人数众多的中产阶级（约2到3亿），如托马斯·弗里德曼的知名畅销书《世界是平的——21世纪简史》就把印度作为全球化的正面样板。另一方面印度也承载着更为严酷的发展之痛，从电影中可以直观地看到印度乡村依然处在前现代状态以及布满贫民窟的大都市（贫民窟也成为孟买等大城市的旅游景点）。正如研究者所指出："印度是一个分化严重的国家——语言、地区、宗教、阶级和种姓都是分割社会的因素，这里有53%的女性和30%的男性没有受过教育，年龄在15—24岁的青少年中也有26%的人是文盲。"[⑧]

可以说，印度是新自由主义/全球化的正面样板和负面例证，贫富分化、城乡差异、宗教冲突等依然成为当下印度社会发展的痼疾。而印度主流商业电影恰好就是弥合这些社会矛盾和区隔的梦工厂，其整合的基本策略不是通过遮蔽，而是充分地暴露这些现实的困境，最终在电影结束之时再获得大团圆的结局。下面就以新世纪以来的一些印度电影为例——尤

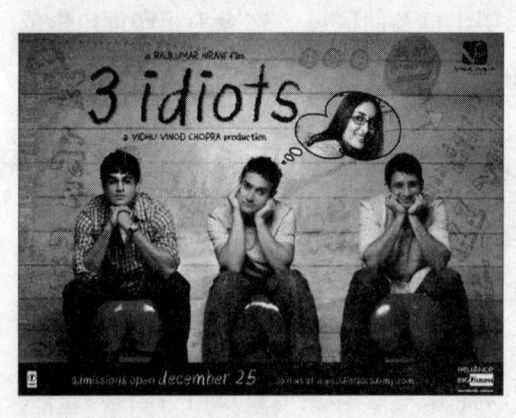

《三傻大闹宝莱坞》海报

其是著名男明星阿米尔·汗（Aamir Khan）和沙鲁克·汗（Shahrukh Khan）的电影为主[9]，来呈现宝莱坞电影的叙事策略及其所实现的意识形态效果。

三、宝莱坞的几种叙事策略和意识形态功能

尽管印度电影在新世纪以来出现了一些新的变化，极大地改变了印度传统电影的叙述模式，但是由于印度电影的观众横跨城乡、各个阶层（与中国影院多是青少年、情侣不同，印度影院经常是一家人老少三代去看电影），一些过于好莱坞化的电影可能会获得中产阶级观众的接受，但农民还是喜欢载歌载舞式的浪漫喜剧，这也在很大程度上使得宝莱坞依然保持着固定的叙述模式和"民族"特色。如大多数宝莱坞主要以男女青年的爱情为故事主线（不是富贵男喜欢贫穷女，就是穷小子爱上富家女），或者说至少把爱情作为主要的情节线索，只是固定的模式并不妨碍宝莱坞所呈现出来的丰富主题。我主要分析新世纪以来宝莱坞电影中的三种主题：一种是爱国主题；二是返乡、寻根主题；三是后"9·11"时代穆斯林在美国的遭遇的主题。

1."把自己献给国家的自由"

在印度90年代以来经济高速起飞的过程中，也伴随着民族主义的复兴，在此背景下出现了一些带有民族主义/爱国主义色彩的主旋律

《自杀现场直播》海报

尤其是以阿米尔·汗主演的《印度往事》(2001)和《芭萨提的颜色》(2006)最有代表性。前者讲述了19世纪末期印度乡村青年布凡带领印度村民在板球比赛中打败英国殖民者的故事,后者则讲述了几个德里大学的大学生通过拍摄20世纪初期印度革命者反抗英国殖民统治的电影的过程,不仅理解了革命者反抗的意义,而且继承革命理想走向反抗政府腐败之路的故事。两部电影都获得了口碑与票房的双赢,《印度往事》获2002年奥斯卡最佳外语片提名,《芭萨提的颜色》也获得2006年全球印度电影奖的八项大奖。

这样两部成功的历史片,不仅在于重述了印度反抗英国殖民者的旧闻,更重要的是在重述历史的过程中实现对印度国族身份的认同,尤其是对印度内部种姓、阶级差异的再次整合。正如在《印度往事》中,面对英国军官的傲慢和挑衅,无论是普通民众,还是印度本土的地区统治者拉甲,都支持布凡带领人们去和英国人比赛。这种以弱胜强,淳朴、善良的、受欺负的被殖民者"象征性"地打败强大的、武装到牙齿的殖民者的故事,似乎颠覆了西方(文明/现代)征服、改造、殖民愚昧(落后/野蛮)的东方/非洲等殖民地的故事。而这种颠覆很大程度上是对西方现代性的浪漫主义抵抗,愚昧、落后与善良、淳朴恰好是现代性对前现代/乡村/被殖民地的双重想象。如果参照以美国白人殖民者和印第安人部落为对立的好莱坞西部片,可以清晰地看出在八九十年代之交,那种呈现印第安人残暴、杀害白人的经典西部片被倒置过来,如知名的《与狼共舞》(1990)就讲述了白人军官背叛"文明社会",在"野蛮"的印第安部落中寻找到认同(亲情、家庭及共同体的价值)的故事,再到2003年《最后的武士》以及2010年科幻3D巨片《阿凡达》同样讲述一个帮助被殖民者、落后文明来抵抗发达、先进文明侵略的"现代人"的故事。《印度往事》尽管与这些电影的基本叙事模式不同,更像中国80年代的商业片《京都球侠》(1987)——在现代化/西化推进过程中表达一种微弱的民族主义情绪（与《印度往事》中布凡把英国人的板球比喻为印度人的木棍球相似，《京都球侠》中是中国的蹴鞠对抗西方人的足球），但是这种包括《阿凡达》在内的弱势者打败强势者的故事（《印度往事》不仅有好莱坞编剧参与，更获得奥斯卡的认可），却是后冷战时代的文化征候。也就是说，只有在资本主义/社会主义作为真实的历史对抗终结之时，一种反抗西方殖民者、反抗穷兵黩武的军事主义的故事（暂且不说《阿凡达》上映之时正是奥巴马凭着批评小布什主义而上台的时刻），才能成为以好莱坞为代表的中产阶级的主流价值观。

其实，无论是《与狼共舞》、《阿凡达》式的西方殖民者的"迷途知返"，还是《京剧球侠》、《印度往事》中帮助落后人们的白种女人，都是一种对于西方所代表的文明价值观的重新确认。正如《印度往事》中印度人不知道板球为何物，而如今板球是印度的国球，是印度各个种姓和阶级共同喜爱的运动（据说在印度只有圣雄甘地和国球板球可以跨越种姓、阶级之间的鸿沟）。从这个角度来说，《印度往事》实现了双重意识形态功能，一方面对于国内观众来说，这是包括贱民在内的印度各阶层人们一次成功打败西方殖民者的狂欢；另一方面对于西方观众来说，这是一次重温团结、友爱、家庭等传统价值观的心灵之旅。正如无论是《印度往事》，还是《阿凡达》，故事都终结于弱者打败强者、强者灰溜溜地离开的短暂胜利之中，而没有讲述这之后的故事（对于全球化时代的观众来说，西方和现代的价值早就内在化，前现代的文化仅仅是现代文明的有益补充），从而使得观众可以暂时分享这份浪漫的胜利。

如果说《印度往事》在反抗英国殖民者的过程中完成了一种国族认同，那么《芭萨提的颜色》则把对殖民者的反抗与对政治腐败的批评重合起来，从而实现一种历史与现实的完美对接。故事开始于一位英国女孩想拍一部反映20世纪初期印度革命者反抗英国殖民者的电影，她阴差阳错地招募到一批德里大学的大学生，这群业余的学生演员是不谙政治、只知虚度时光的全球化时代的都市青年人，但却极具代表性。既有出身贫苦的印度教徒，也有穆斯林教徒（巴基斯坦人），还有印度教的民族主义者，以及军火商/大资本家的儿子（想着毕了业就留学美国），可以说呈现了当下印度最为重要的宗教、阶级、文化的区隔。在拍摄过程中，他们逐渐体会到与自己年龄相仿的革命者为什么会走向暗杀、游击的革命之路，尤其是在他们的好友印度飞行员因驾驶国防部腐败购买的劣质飞机而牺牲的事情[10]，他们决定学习革命者暗杀了国防部长，暗杀成功后他们占领广播台宣布暗杀动机并号召人们行动起来，最终被赶来的武装警察全部击毙。如此正面地讲述几个印度青年从觉醒到反抗现政府的故事，是很少见的影片。比《印度往事》更为清晰的是，在这些年轻人为朋友复仇、杀死从事军火生意的父亲、国防部长而"长大成人"的时刻，也是这些不同宗教、阶级的孩子们团结起来的时刻。

影片反复把他们的现实反抗与其所扮演的革命者的影像叠加起来，从而呈现一种"青春无敌"（影片的另一个译名）的反抗的狂欢。尽管影片非常难得地处理了去政治化的时代里青年如何成为参与、介入政治、社会的行动主体的问题（与无所谓的、去政治化的、犬儒主义式的主体不同），但是这种整合和动员依然笼罩在一种爱国主义或国家利益的合法性叙述中。正如2007年获得俄罗斯票房冠军的科幻片《古墓迷途》就讲述几个90后小混混因盗墓而穿越到卫国战争时期，从而"亲身"体认到革命先烈不畏牺牲为国献身的故事。这种爱国主义的主旋律有效地完成了个人对于历史/国家的想象性认同（同样是阿米尔·汗主演2005年出品的《抗暴英雄》也是类似的反抗英国殖民的追求印度独立的电影)。与《芭萨提的颜色》一样,《印度往事》、《阿凡达》式的"绝对"弱者暂时、偶然或想象性地战胜强者的故事,反叛者所维系的是一种有尊严的(不受欺负)、透明的(没有腐败)、绿色环保(与环境友好)的中产阶级价值理念,从而使得全球化时代所带来的民族国家内部的阶级、宗教的创伤获得一种想象性抚慰。

2."每个人心中都有一只黑猴子"

《芭萨提的颜色》中无论是革命者反抗殖民者的故事(借助英国殖民者的笔记),还是几个青年人走向暗杀行动,都借助于一个英国女孩的视野,从而使得这种反抗殖民者、反对政治腐败的故事变成一种第三世界或发展中国家的典型场景(正如英国人拍摄的《贫民窟的百万富翁》也把这种"一夜暴富"的美国梦移植到第三世界)。这种外来者的目光或者说一种现代的视野也是印度电影讲述乡村或故土文化的一种常用的叙述策略。沙鲁克·汗主演的《故土》(2006)和阿布舍克·巴强主演的《德里6号》(2008,与《芭萨提的颜色》是同一个导演)就是其中的代表之作。前者讲述了在美国航天局工作的印度高级工程师返回印度乡村的故事,后者讲述了印度裔美国青年陪身患绝症的奶奶回到德里的故事。两个外来者、成功者最终都留在了这个不发达的、充满了冲突的"故土"。与《三傻大闹宝莱坞》相似的是,这些电影呈现了一种对新自由主义体系下成功者文化的自我反思,嘲弄了那种把金钱或成为美国白领作为人生奋斗目标的价值观。

沙鲁克·汗扮演的高级工程师打算把奶娘接到美国生活,他来到偏远的乡村。整部影片就呈现这个西装革履的外来者如何一步步融入乡村文化的过程。一开始他居住在自己开来的房车里面,依然过着美国式的生活,后来奶娘让他乘火车、坐轮船去收租,这才完成了一次重新认识印度农村的心灵之旅，从而激发了他留下来帮助村民过上更好生活的愿望。这样一次心灵之旅在呈现印度乡村的困窘（经常停电）、落后（没有听说过互联网）、偏见（种姓压迫）的同时，沙鲁克·汗所带来的是一种通过现代化/工业化、义务教育来实现的"启蒙"工作。这种朴素的、前现代乡村及村民在印度电影中往往成为拯救堕落、仇恨的都市生活或富贵之家的完美他者，如《穷得只剩下钱》

《芭萨提的颜色》海报

（2007）中那个心地善良的嘟嘟车司机，《未知死亡》（2008，阿米尔·汗主演）中乐于助人、充满正义感的底层姑娘，《理发师比鲁》（2009，沙鲁克·汗主演）中贫苦而善良的理发师比鲁。有趣的是，这三部电影都是富翁、富家公子和大明星被这些贫穷而道德高尚的底层人所感动。这种跨越阶级的感动也许可以有效地抚慰那些作为观影主体的印度农民的心灵。

比《故土》更为复杂的是，在《德里6号》中借美国青年罗山的眼睛，呈现了这个混乱、迷信但又充满人情味和宗教气息的城市（相对纽约，德里成了某种前现代的象征）。正当罗山为这种温情所迷恋之时，发生了印度教与穆斯林的冲突。影片巧妙地设置了三条故事线索，并且与三种猴子的文化想象有关。一种是来自美国的罗山，对应着好莱坞大片中的"金刚"故事，罗山就是那只来自美国的"金刚/黑猩猩"，并且把罗山的爱情与金刚的痴情嫁接在一起；第二种是德里剧场中正在上演的印度经典史诗《罗摩衍那》，讲述印度猴神哈奴曼帮助罗摩王子征服强敌，救出妻子悉多的故事（猴神是神通广大的、护佑民众的神）；第三种就是电视新闻中不断出现的关于黑猴子袭击德里市民的报道（这同样来自于2001年印度新德里的一则黑猴子伤害人群的新闻）。当人们把不轨、欺骗、混乱纷纷指认为无名的黑猴子之时，那种弥漫日常生活之中的无名的偏见和愤怒也爆发出来。而罗山化装成金刚／黑

《德里6号》海报

猴子去寻找自己的爱人，不料成为宗族之战的牺牲品。影片把不同宗教、种姓之间的区隔和歧视看成是人们内心深处的"黑猴子"（外来的威胁被转换为内心的罪恶），最终人们把黑猴子的面具烧毁，从而实现一种宗教、种姓的和解。正如相比罗山的父亲因为喜欢穆斯林女孩而只能私奔到美国，罗山却在德里实现了自己跨宗教的婚姻。

3．"我的名字叫可汗"

新世纪以来，有许多宝莱坞电影选择在美国拍摄，一方面出现大量宝莱坞与好莱坞的合拍片，另一方面宝莱坞也越来越重视进入北美主流商业院线，"如今宝莱坞有60％的收益来自海外市场"。[⑪]可以说，宝莱坞越来越像好莱坞那样，既保持民族化、本土化的特色，又拥有国际化的特征。另外，也出现一些反映印度裔美国人的影片，尤其是反思"9·11"之后穆斯林在美国所遭遇的种种迫害，以《纽约》（2009）和《我的名字叫可汗》（2010，沙鲁克·汗主演）

为代表。前者讲述因"9·11"发生而改变命运的三个印度裔穆斯林留学生，后者讲述信奉伊斯兰教的里兹瓦·罕"9·11"之后捍卫自己穆斯林姓氏的故事。

同上面提到的许多电影一样，这样两部电影也来自于"9·11"发生后有上千名穆斯林被美国联邦调查局非法囚禁和虐待数月的现实遭遇。《纽约》中穆斯林青年奥马尔被联邦警察收买去"卧底"调查大学同学萨姆是否是恐怖分子，在此过程中，奥马尔了解到萨姆曾当作"9·11"恐怖分子的嫌疑人而被错误地关押，在拘留所经历了9个月的严刑拷打，出狱后萨姆为了找回自己的尊严而走向恐怖分子之路。尽管影片中的联邦警官也是穆斯林，坚定地捍卫"美国梦"，但影片非常直接地呈现了问题的根源与其说是外部的仇恨，不如说恰好是美国社会自身的宗教偏见，正如借助另外一名也曾被错误关押的穆斯林吉尔盖的遭遇所呈现的渗透到日常生活之中的宗教屈辱。

相比《纽约》，《我的名字叫可汗》要温情得多。从小患有阿斯伯格综合征的里兹瓦·罕是伊斯兰教徒，跟弟弟来到美国旧金山，后来遇见了开美发店的印度教单亲母亲曼迪娅，上演了一段宝莱坞经典的爱情故事。而"9·11"之后，他们的儿子因里兹瓦·罕的穆斯林姓氏，遭遇伙伴们的意外袭击而身亡。为了讨回公道，里兹瓦·罕踏上了告诉美国人民及美国总统他的姓氏与恐怖分子无关的申诉之路。最终这个执着的印度阿甘不仅见到了美国总统，还借助媒体成为家喻户晓的英雄，并且用他乐于助人（帮助基督教徒救火）的爱心化解宗教之间的隔阂。这部感人的电影不仅呈现了"9·11"后穆斯林在美国所遭遇的不公平待遇，而且用阿甘式的弱智/幸运/善良成为化解积怨的桥梁，里兹瓦·罕的申诉之路的成功本身成为美国梦的写照。

四、宝莱坞对国产大片的启示

中国和印度成为当今世界上经济增长最快的发展中或金砖国家，从某种程度上来说，两个国家都是这次经济全球化的受益者，与此同时也遇到了问题。印度都市中的繁荣与贫民窟的贫困同样让人们印象深刻，对于经济全球化过程中产生的中产阶级来说，"世界是平的"、是可以自由流动的（如无国界的跨国公司的经理人和白领），而对于放逐在经济全球化进程之外的贫民窟和乡村中的人们来说，印度社会内部依然是阶级、城乡、种姓、宗教、性别等裂隙、沟壑纵横的世界。通过上面提到的一些印度电影可以看出，宝莱坞在保持民族化、程式化的叙述风格的同时，也以商业电影的敏感和嗅觉呈现和回应着诸多难解的现实问题，尽管大团圆的结局，使得这些略显煽情的商业大片提供了相对廉价的心灵抚慰，但可贵之处在于某些宝莱坞始终与激烈巨变中的印度社会保持一种有机的互动，这恰好是目前异常火爆的中国电影所不具备的。

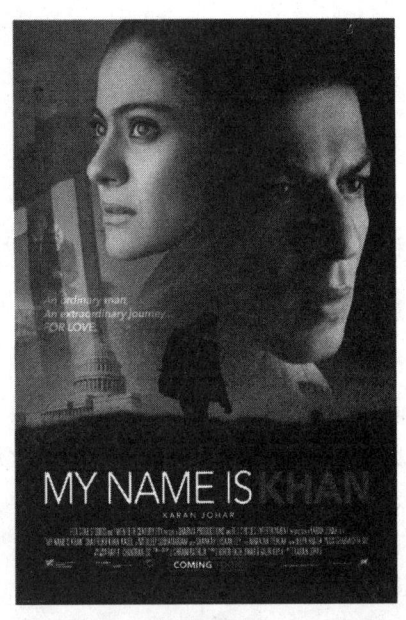

《我的名字叫可汗》海报

如同新世纪以来中国日益崛起的经济，国产电影票房也扭转了80年代以来到90年代中后期持续低迷的状态（从1995年到2003年中国内地年度票房维持在10亿元左右），进入高速增长的阶段（从2003年10亿元票房到2010年近102亿元，拍摄626部），从拍片数量上仅次于印度和美国。但是，中国电影产业的增长得益于伴随着经济发展而催生出来的中产阶级消费者，中国的影院大多分布在一线和二线城市（50—70年代所建立的省、市、县三级影院在八九十年代逐渐凋敝和弃置，当下的影院院线系统多是新世纪以来由民营和国营公司为了打通生产和发行的产业链而重建的）。

暂且不讨论国产大片经常不能满足中产阶级观众的趣味，也不讨论依然人口众多的农民以非市场的方式"接触"国产电影，这些高投资、高回报的视觉盛宴根本无从顾及、满足农村观众的观影习惯和口味。在这一点上，国产电影与宝莱坞有着天壤之别。当然，如何建立一种与更广泛的观众、与当下中国现实形成对话和互动的电影生态，恐怕是期待中国电影除了赚钱之外还能够发挥更多文化功能的人们，需要迫切思考的问题。

注释：

① 从严格的意义上来说，宝莱坞指1977年在印度孟买西郊兴建的电影城，是印度最为著名和出品最多的制片基地，主要出品印地语电影，除此之外，还有泰米尔语、泰卢固语、孟加拉语等方言电影，本文用宝莱坞来泛指印度主流商业电影。

②⑤⑧⑪〔印度〕米拉·坎达：《印度星球》，生活·读书·新知三联书店2009年版，184页，20页，67页，83页。

③《宝莱坞——印度电影传奇》，http://www.86ty.com/baike/list.asp?n_id=776。

④《印度去年电影观众达33亿人次》，《人民日报》2009年7月29日。

⑥《产业报告：影院观众的构成分析》，http://indus.chinafilm.com/200802/

2948221_2.html。

⑦从一些宝莱坞电影中可以看出电视对于印度城市生活的影响，如恐怖片《13楼B座》（2009年）就把"电视"及电视剧作为冤魂传递冤情的媒介，讲述了电视对于搬进新居的印度中产阶级"大家庭"的复仇（与美国式的三口核心家庭不同，印度还是父母、兄弟和子女住在一起的三代之家）。又如《自杀现场直播》、《德里6号》等电视媒体成为都市空间的重要组成部分，相对来说，电视基本上没有进入乡村。

⑨宝莱坞电影多以明星为中心来组织生产，明星是获得投资的重要保证，因此许多明星不光是演员，还是制片人和导演，阿米尔·汗（Aamir Khan）和沙鲁克·汗就是其中的代表。他们既是印度家喻户晓、享誉全球的宝莱坞大明星，也是许多影片的导演和制片人。参见张讴：《印度文化产业》，外语教学与研究出版社2007年版。

⑩从影片结尾字幕中可以知道，"印度从1964年即开始使用MiG战斗机，在战役中起到了相当作用。15年来，有206架从苏联进口的MiG战斗机坠毁，78名飞行员丧生，为纪念这些空中勇士，纪念他们为祖国献出了生命"。

印度音乐舞蹈在中国的传播和影响

陈自明　中央音乐学院教授

中国与印度两大文明古国交往的历史已有两千多年,两国间的文化交流都对双方产生了积极的影响,尤其是佛教文化从印度传入中国,对中国人的观念、文化、文学、造型艺术、音乐、舞蹈等都产生了重大的影响,这是世人公认的。在此不再赘述。

本文所涉及的时期是当代中国,即从中华人民共和国成立的1949年至21世纪初,在这个时期,中国和印度这两大文明古国终于摆脱了西方殖民主义和日本帝国主义的压迫、侵略,开始复兴、崛起。

正像印度的伟大诗人泰戈尔(Tagore)所预言的:"古希腊之灯在它本土熄灭,古罗马的强力已死,被埋在大帝国的废墟之下,但是以社会与人类精神理想为本的文明却仍然活在中国和印度。虽然它在当前工业机械威力的眼光下显得弱小,却像那细小的种子,有着生命力,将会在适当的时机抽芽成长,展开它慈善的枝叶,开花、结果。"

在20世纪50年代,独立的印度和解放了的中国迅速建立了友好关系,文化交流日益频繁,首先在中国引起轰动的是印度电影,它与解放前充斥在中国大城市中的好莱坞电影风格大不相同,故事内容常反映社会问题，揭露社会不公并深入地发掘人性的善与恶。其情节曲折动人、娓娓道来、沁人心脾，并进入人的心灵深处，令人回味、深思。如《流浪者》、《两亩地》等。

更重要的是电影中的音乐、舞蹈，它具有浓厚的印度色彩，使同样身为东方民族的中国人备感亲切，引起了强烈的共鸣。中国的老一代领导人周恩来曾说过："我对印度音乐特别有好感，听了一次几天都忘不了，印象太深刻了。"中国的国学大师、印度学专家季羡林也曾说过："当年印度电影《流浪者》、《两亩地》在中国上映，盛况空前。第一天晚上刚上演，第二天街上就都响起了'到处流浪'的歌声，说明印度音乐对中国人有一种特殊的吸引力。"

除了印度电影，印度的音乐、舞蹈团也频繁到中国进行访问演出。1955年6月由印度外交部副部长钱达尔（A.K.Chandar）率领的51人文化代表团就给中国观众带来了丰富的印度音乐舞蹈节目，其中有三种古典舞，即婆罗多（Bharat Natyam）舞、卡塔卡里舞（Kathakali）和卡塔克（Kathak）舞及那加（Naga）族的民间舞等，还有著名"萨朗基（Sarangi）"演奏家拉姆·纳拉扬（Ram Narain）的独奏、弹拨乐器西塔尔（Sitar）、瑟路达（Sarod）和塔布拉鼓（Tabla）的独奏，以及几位歌唱家演唱的印度歌曲（其中包括300年前北印度音乐家苏尔达斯 Soordas 和200年前南印度音乐家泰亚格拉杰 Tyagaraj 和近代伟大诗人、音乐家泰戈尔 Rabindranath Tagore 所创作的歌曲）有趣的是，舞台上还有8位中国的舞蹈家在印度舞蹈家的指导下表演了卡塔卡里舞。1957年乌黛香卡（Udey·Shankar）舞蹈团应周恩来总理的邀请来华演出歌舞剧"佛陀一生"，由7位音乐家采用印度乐器伴奏。这些演出都很成功，受到了中国观众的热烈欢迎。这是中国的音乐家、舞蹈家了解印度表演艺术的开始，并对这种独特而富有东方韵味的艺术产生了很大的兴趣。

1962年周恩来总理提出，为了增进中国人民与亚非拉美人民的友谊，为了学习亚非拉美人民的传统表演艺术，建议文化部成立"东方歌舞团"。而印度及整个南亚正是亚洲很重要的一部分，在建团公演的节目中就有中国著名舞蹈演员张均表演印度的"拍球舞"以及斯里兰卡的"罐舞"等。周总理还不止一次向张均等舞蹈家讲过："你们学东方舞，首先要学好印度舞，它训练最全面，眼、头、手、身体、脚，都要配合得很好。音乐的节奏很复杂，不容易掌握，要下点功夫才能掌握好。"但在1966年开始的"文化大革命"中，"东方歌舞团"被强令解散。

1978年，中国邀请印度著名舞蹈家姆莉娜丽尼·萨拉拜伊夫人率舞蹈团来华演出，演出很成功。

1983年8月，印度音乐大师、著名西塔尔琴演奏家拉维·香卡应中华人民共和国文化部和中国音乐家协会的邀请来中国访问，在北京、成都、上海的演出都获得成功。在北京除了两场音乐会的演出外，还在电台录了音，并在中央音乐学院举办了印度古典音乐的讲座，着重介绍了西塔尔琴的特征、演奏技巧以及印度古典音乐的两大支柱——拉格（Raga）和塔拉（Tala），并结合自己的演唱、演奏来解释这些高深的理论，深入浅出的讲解使听众听得清楚、明白。

拉维·香卡的这次讲座和演奏具有十分重要的意义，因为此前中国人所接触的多为印度电影音乐，即使是音乐家，对印度古典音乐的理论也了解不多，且多为一些书本上的概念。而通过拉维·香卡深入浅出、饶有风趣的讲解，中国人才开始真正理解、欣赏印度的古典音乐。我也正是在此时认识了拉维·香卡，在北京我负责接待他，与他一起登上八达岭长城。我拜他为师（Guru），向他请教了不少关于印度音乐的问题，他都耐心地为我解答，并建议我尽快到印度去学习。因为，只有到了印度，才能真正体验到印度音乐的真谛和妙处。

1986年10月，根据中印文化交流计划，印度乐器演奏小组到北京、济南、无锡、杭州进行演出，并在北京中国音乐研究所举办小型演奏印度乐器展览。乐器演奏分为南方卡那蒂克（Karnatic）古典音乐小组［由维纳琴演奏大师巴拉琴代（S.Balachander）率领］和北方兴都斯坦 Hindustan 古典音乐小组［由西塔尔琴演奏大师伊姆拉特·汗（Ustad Imrat Kham）率领］。

音乐会上半场演出卡那蒂克音乐，下半场演出兴都斯坦音乐，在北京的演出很成功，尤其是卡那蒂克音乐中的维纳琴及三种鼓［姆里登加鼓（Mridanga）、康吉拉鼓（Kanjla）、格塔姆陶罐鼓（Ghatam）］的合奏十分精彩，这可能是中国人第一次在现场聆听南方的古典音乐。展览的印度乐器共20件，包括了南、北方的各种主要乐器。随小组来华的音乐学家高特姆（C.M.R.Gautam）先生还与中国学者举行了座谈、交流。我也参加了对印度音乐家的接待，并与高特姆先生讨论了印度音乐与中国音乐的现状。

印度乐器展览结束后，由于印度方面知道当时我已在中央音乐学院开始讲授印度音乐课程（为中国首次），就决定将展出的20件乐器全部赠送给中央音乐学院，印度大使还出席了赠送仪式，我们对此深表感谢。

1990年印度德里大学音乐与艺术学院院长、著名西塔尔琴演奏家德布·乔杜里（Debu Chaudhuri）教授及夫人歌唱家曼珠诗莉、（Manjusree）儿子帕拉提克（Prateek）西塔尔琴演奏家、塔布拉鼓演奏家索纳塔·姆克吉（Somnath Mukhherjee）在北京中央音乐学院举行了题为"甘达瓦吠陀（Gandharva-Ved）"的音乐会，这次他们是在玛哈礼师（Maharishi）世界和平音乐节的名义下来华的，乔杜里教授用西塔尔琴演奏的古典音乐给人留下深刻的印象，尤其是音色的甜美、纯真，令人为之心醉。

1991年8月,由中国人民对外友好协会、中国社会科学院和印度大使馆联合在北京举行了泰戈尔逝世50周年的纪念会,从各个方面(政治、哲学、美学、诗歌、音乐、美术)阐述了泰戈尔对印度、对世界的贡献。印度加尔各答泰戈尔大学校长萨尔卡博士(Dr.Pabitra Sarkar)对泰戈尔作出了全面的评价,中国的文化部长也在会上发言,其他大部分报告是由中国学者所作,我也在会上作了"泰戈尔的音乐和音乐思想"的报告。为配合这次活动,来自加尔各答的印度舞剧团还在北京、福州、厦门等地演出了泰戈尔的舞剧《纸牌王国》。中国曾经出版了很多泰戈尔的文学著作,中国人民也对泰戈尔有所了解,但这样隆重地纪念泰戈尔,从1949年新中国成立以来还是第一次,也反映出日益增长的中印友谊以及中国人民对泰戈尔的敬仰之情。

1994年5月,在中国举行的"印度文化节"内容丰富、规模较大,包括电影、科技、手工艺、图书、歌舞等。其中桑甘姆乐队、印度歌舞团、印度民间艺术团共计72人,在北京、上海等13个城市举行演出,影响很大。桑甘姆乐队以南方卡那蒂克(Karnatic)古典音乐为基础,并与西方爵士乐、摇滚乐相混合,这是过去很少见到的。

2000年1月,印度著名的北方卡塔克古典舞之王比尔祖·马哈拉吉(Birju Maharaj)率舞蹈团到北京参加中国举办的"第二届亚洲艺术节"。马哈拉吉不仅是舞蹈家,还是歌唱家、鼓演奏家和舞蹈设计大师。他曾在欧美及亚洲各国演出,他的学生遍及全球,其中也有中国学生。这次于中国的演出也在北京的舞蹈界引起了轰动。他还应我的邀请到中央音乐学院举行了精彩的音乐舞蹈表演。

2000年5月,印度最著名的小提琴演奏家、作曲家苏布拉玛尼亚姆随印度总统访华来北京演出,他是一位既精通卡那蒂克小提琴音乐风格,又会演奏柏加尼尼(Paganini)随想曲和爵士音乐的小提琴大师,而且还是学过西方作曲法的印度作曲家。他创作的《吠陀诗歌幻想曲》、《小提琴二重奏——旅行》、《全球交响曲》、《星际交响曲》都是印度音乐及东方音乐与西方音乐的相遇和交融，在当今世界乐坛上独创一格，广受欢迎。

他在北京与北京交响乐团合作演出了他创作的小提琴协奏曲《热爱和平》和《全球交响曲》的选段，受到北京观众的欢迎。随后我又邀请他到中央音乐学院进行专场演出卡那蒂克风格的小提琴音乐，受到全院师生的热烈欢迎。

2007年9月14日，中央音乐学院和孟加拉国驻华大使馆在中央音乐学院联合举办了"泰戈尔和纳扎鲁尔（Nazrul）诗歌音乐会"，会上首先由我简要介绍了两位大诗人兼音乐家的生平，孟加拉国驻华大使作了讲演。然后由孟加拉国使馆文化秘书菲亚兹·卡兹（Kazi）先生用孟加拉国语，中国传媒大学学生及中国国际广播电台的工作人员用汉语，分别朗诵泰戈尔和纳扎鲁尔的诗歌。随后，由从达卡专程赶来的莫欣（Adity Mohsin）教授演唱了泰戈尔歌曲，巴鲁阿（Anup Kumar Barua）先生演唱了纳扎鲁尔的歌曲。中央音乐学院民乐小组用中国乐器琵琶、扬琴、二胡、笛子演奏了泰戈尔和纳扎鲁尔的作品。最后，由孟加拉国留学生表演了孟加拉舞蹈。

这次活动是很有意义的，因为尽管中国人对泰戈尔并不陌生，但都出自对他诗歌的印象，而泰戈尔的歌曲在中国举行的音乐会上演唱，恐怕还是第一次，至于纳扎鲁尔的歌曲，人们更是闻所未闻。可以说，这是中国音乐界第一次在现场聆听两位南亚音乐大师的作品，给人们留下的印象很深。

2007年9月22日，在中国南京召开的世界民族音乐学会（World Music Society Of China）第三届年会上，我们邀请了印度当代萨朗基（Sarangi）大师萨布里汗（Ustad Sabri Khan）和他的儿子卡马尔（Kamal Sabri）及塔布拉鼓手沙里特·达斯等6人举行演出，音乐会盛况空前，舞台周边都坐满了观众。萨朗基酷似人声的美妙音色和演奏家的高超技巧，华丽的装饰乐句和即兴变奏的能力震惊了四座，人们不禁拍案叫绝："印度人竟然是这样演奏音乐的！"

莉拉·桑姆生是印度当今最著名的舞蹈大师、婆罗多舞专家，也是中国人的好朋友。1984年她就随当时最著名的舞蹈家鲁克米妮·德维（Lukmini Devi）来北京演出。2002年她率自己创建并担任编舞指导的"斯班达（Spanda）舞蹈团"参加中国举办的"第五届亚洲艺术节"，在北京、上海、杭州进行演出。应我的邀请，莉拉在百忙中抽出时间率团到中央音乐学院演出。

作为传统婆罗多舞的传承人，莉拉早已享誉舞坛，但她仍不满足于此，仍在努力创新，婆罗多舞一般为独舞，"斯班达舞蹈团"则加进了多人共舞的场面，以表达更为多样的内容和复杂的情绪。

2008年4月，印度在中国北京饭店举办印度文化旅游年活动，由印度的六派古典舞蹈：曼尼普里舞（Manipuri）、卡塔卡里舞（Kathakali）、奥狄西舞（Odissi）、莫西尼阿塔姆舞（Mohini Attam）、婆罗多舞（Bharata Natyam）、卡塔克舞（Kathak）同台演出，这些各具特色的印度古典舞蹈表现了印度人超凡的艺术想象力和创造性，令人目不暇接、心醉神迷、美不胜收，如此盛大的场面，丰富多彩的表演聚集一堂，在中国还是第一次，而它的总编导就是莉拉·桑姆生。

从20世纪80年代开始，中国就不断派遣留学生、访问学者到印度去学习印度的音乐、舞蹈。其中舞蹈又先行于音乐，1980—1981年，两位中国舞蹈家张均、刘友兰应印度著名舞蹈家萨拉拜伊夫人的邀请去印度学习。张均、刘友兰在印度刻苦学习印度古典舞，取得了很好的成绩，回国后她们开始教中国学生印度舞，这是中国人系统学习印度舞蹈的开始。

特别是张均，她为了取得印度古典舞的"真经"，先后多次去印度学习，有时是带学生一起去的，她曾师从于印度最著名的卡塔克舞王马哈拉吉大师和婆罗多舞大师莉拉·桑姆生。更令人敬佩的是，她有一次不慎腿部骨折，有人劝她回国休养，但她仍坚持留在印度，边养伤边学习，最后取得了印度古典舞的"真经"。张均被誉为中国的"女玄奘"和"东方舞神"。

为了更好地领悟印度舞蹈，张均采用比较舞蹈学的方法，将中国敦煌石窟和印度神庙里雕刻的舞姿造型放在一起研究。1990年，由她编导的《敦煌舞姿与印度舞鉴赏晚会》正式演出，被舞蹈界誉为"活的论文"。张均是这样说的，"我用对比的方式将敦煌舞姿与印度舞蹈展现在一个舞台上。让观众在欣赏这两大闻名世界东方姐妹艺术的同时，品味出各自不同的发展和特色。"

近半个世纪以来，张均在北京舞蹈学院、东方歌舞团、广东舞蹈学校、厦门、海南岛各地共办了几十个印度古典舞培训班，学员来自全国各地，人数超过500人，是中国教授印度古典舞的鼻祖，为在中国传播印度舞蹈艺术做出了巨大的贡献。

现在活跃在中国舞坛上的印度舞演员是金珊珊，她从8岁开始就向张均学习婆罗多舞，为了全面学习、了解印度语言和文化，学好印度的舞蹈艺术，她考进了北京大学东方学系印度语言文化专业，毕业前后还曾8次去印度向莉拉·桑姆生学习婆罗多舞。她现在除了经常演出外，还在北京建立了一所印度古典艺术中心，为儿童和成人教授印度舞。

中国在学习印度音乐方面起步较晚，20世纪60年代上海音乐学院沈知白教授为了研究印度音乐，曾到北京图书馆和中央广播电台搜集有关印度音乐的书籍和音响，当时这方面的数据很少。但凭着他高度的音乐修养和过人的智能，还为北京音乐界作过一次关于印度音乐理论的报告。

我是在20世纪80年代开始学习、研究印度音乐的，为了了解印度的历史、文化、宗教，我曾去季羡林、金克木、常任侠诸位研究印度学的大师家登门求教，聆听了他们的教诲，获益良多。但对印度音乐理论的了解仍止于概念，直到听了拉维·香卡在中央音乐学院的讲座，才第一次在自己的头脑中将印度音乐的理论与实践统一起来，对印度音乐产生了浓厚的兴趣，并开始将印度音乐引入我在80年代前期讲授的《世界民族音乐》课程中。

1986年，我本可去印度留学，但因当时担任中央音乐学院的领导工作而未能成行，就派了我的学生安平去印度留学，同行的还有上海音乐学院的赵佳梓老师。他们在印度新德里的印度艺术中心（Sriram Bhratiya Kala Kendra）学习了两年，有很多收获。可以说，他们是去当地学习印度音乐的第一批中国人，但已经比学习印度舞的中国舞蹈家晚了好些年。

我终于获准去印度留学，是1989年8月，也在新德里的印度艺术中心，在近一年的时间里，我像海绵一样，将有关印度文化、宗教、艺术和音乐的知识，通通吸附到自己身上。初到印度时感到很不习惯，总觉得印度太保守。实际上，他们真的把自己的音乐、舞蹈视为珍宝，不遗余力地加以保护，确实值得中国学习。不仅如此，印度还将西方的手风琴、小提琴、单簧管、萨克斯、吉他、曼德林同化为印度的乐器，这说明了印度音乐文化的强大和独特。

我觉得最重要的是在现场亲自体验。一个外国人，只有在印度文化背景和氛围中，才能真正欣赏印度音乐的奥妙，才能逐渐理解印度独特的美学观。在我去印度之前，对印度古典舞蹈的理解很肤浅，也不会欣赏，莉拉·桑姆生给了我很大帮助，她让我听她的课、看她的表演，我才逐渐理解、爱上了印度舞蹈。顺便说一句，我在印度得了急病，十分危险，也是莉拉及时亲自把我送到医院救治，我才活了下来。可以说，莉拉是我的救命恩人，我永远感激她。

从印度回国后，我于1992年在中央音乐学院开设了为时半年的《印度音乐文化》专门课程，撰写了讲稿，这在中国还是首次。随后，我还在全国20个省（包括香港、台湾）讲学，印度的音乐舞蹈是我每次讲学中的重点。中国的学生和听众的反应是积极的，通过我的讲学，他们爱上了印度的音乐舞蹈，并对拉格（Raga）、塔拉（Tala）、拉斯（Rasa）等有了初步了解，并且常常反思："为什么印度的传统音乐、舞蹈保存得这么好？中国应该好好向印度学习。"

除了我之外，从20世纪末至21世纪初到印度学习音乐的还有9人，他们都热爱印度音乐，回中国后或进行演出、或从事教学，在传播印度音乐方面做了很多工作。尤其是东方歌舞团，在向全国传播印度艺术方面发挥了很大作用，印度舞蹈和印度歌曲、器乐已成为他们重要的保留节目。

世界已经进入21世纪，全球化并不仅仅意味着西方影响的扩大，更重要的是多元文化的兴起，并在世界上产生越来越大的影响，人们常说的"金砖四国"（BRIC），即巴西、俄罗斯、印度、中国和"维斯塔五国"（VISTA），即越南、印度尼西亚、南非、土耳其、阿根廷就是如此。尤其是具有古老文明传统、人力资源丰厚的印度和中国，已经在世界上崛起，印度和中国的文化必将影响整个世界。

我相信，在21世纪，中国人民与印度人民的交往会更频繁，友谊会更加强，中国的艺术家将更深入学习、研究印度的音乐、舞蹈，汲取其中的营养，以丰富中国的音乐文化。为此，北京的中央音乐学院即将建立印度音乐舞蹈研究中心，以促进此项事业的开展。

谭云山年表

1898年	农历九月初五申时生于湖南省茶陵县下东乡长乐村。父亲谭洪谋，母亲肖氏。谭云山是最小的"满崽"（有两个哥哥、两个姐姐），深得父母宠爱。取名"启秀"。
1904年	6岁时父母去世，茶陵黄塘乡富人亲戚黄勿仁收养他为子，送他去私塾念书。
1910年？	进茶陵第一高小念书，改名"谭绍书"。
1919—1923年	8月，进湖南长沙第一师范就读，改名"谭云山"。学习期间曾追随高班校友毛泽东，参加毛泽东创办的新民学会和新文化书社，响应毛泽东的号召而积极组织新文学社，编辑《湖南日报》星期日增刊《新文学》周刊，在毛泽东离开长沙之后，又创办了中兴学社，还担任过湖南全省学生总会主席。
1923—1924年	第一师范毕业以后，效法毛泽东进长沙船山书院深造。
1924年	5月，下半月到汨罗江、武昌、九江、南京、杭州、广州等地游历。 6月27日，从广州坐船去香港出国。 7月，到达新加坡开始教书生涯，先在新加坡工商学校教书。
1925年	一面在工商学校教书，一面从10月9日开始为新加坡《叻报》出版《星光》副刊。
1926年	一面在工商学校教书，一面从9月开始为新加坡《新国民日报》出版《沙漠田》副刊。 10月，到马来亚的柔佛（Johor）州麻坡（Muar）市中华学校教书。湖南省湘阴县（现汨罗县）桃花镇两位新女性姐妹陈乃蔚和陈莱笙从湖南到马来亚教书。

1927年	从麻坡去丁加奴州首府瓜拉丁加奴的中华维新小学当教务主任/校长。 在新加坡会见印度大文豪泰戈尔，接受泰戈尔邀请去印度国际大学。 帮助马来亚华侨在马来亚的柔佛（Johor）州巴株巴辖/峇株吧辖（Batu Pahat）市的爱群学校开办女校，陈乃蔚担任首任校长，陈莱笙担任教员，谭云山也帮忙教课。
1928年	和湖南同乡陈乃蔚女士结婚，去印度孟加拉邦圣地尼克坦泰戈尔的国际大学教书。
1929年	4月18日，长子谭中诞生于巴株巴辖。6、7月间，夫人陈乃蔚和小姨陈莱笙抱着两个多月的婴儿访问圣地尼克坦，泰戈尔把孟加拉名字"Asoka/阿输迦"赐给谭中。7月陈乃蔚和妹妹仍带谭中回马来亚巴株巴辖。
1930年	夏天，夫人陈乃蔚在马来亚接到从家乡迟来的噩耗（伯父共产党员陈子厚于1927年"马日事变"时牺牲，父亲陈子树于1928年白色恐怖避难时病死），五内俱焚，归心似箭。谭云山接到电报，立刻离开印度去新加坡。先安排妻儿乘船回国，自己应邀到缅甸仰光担任《兴商日报》主笔。 11月，陪国民政府派赴西藏的特使谢国梁由仰光、经印度去西藏。12月谢国梁在到达拉萨前死于旅途后，谭云山于12月22日晋见十三世达赖喇嘛并把国民政府信件递交，然后电报向国民政府请示。
1931年	在拉萨为达赖喇嘛上宾。等候国民政府回电却是音讯全无。2月15日离开拉萨，3月22日抵达加尔各答，23日回圣地尼克坦国际大学。 4月陪同道阶法师游历印度佛教名胜。4月27在印度西部巴多利拜谒圣雄甘地并转交十三世达赖喇嘛写给甘地的信。 6月离开印度经过香港，22日抵达上海，30日到南京去向国民政府呈交入藏报告。 7月到湘阴县桃花镇与妻儿团聚。 年底到前长沙第一师范学校的老师兼"新民学会"同志、匡互生（达人）创办的上海江湾立达学园教书，开始穿梭于上海与南京之间，筹备成立中印学会。

1932年	7月7日次子谭正诞生于湘阴县桃花镇，然后夫人陈乃蔚带领两个孩子到上海住进江湾立达学园的教员宿舍。
1933年	5月8日，"圣雄"甘地为了解放贱民而绝食三周，谭云山在南京进行同情绝食。著名佛教领袖太虚法师于5月13日探望绝食中的谭云山，第二天又打电报给"圣雄"甘地劝他"进食"。 9月从南京写信告诉印度泰戈尔中印学会已经成立。（中印学会在南京成立，中央研究院院长蔡元培任会长，谭云山具体负责会务，国民政府考试院长戴季陶是重要支柱。）
1934年	4月回圣地尼克坦，在圣地尼克坦建立印度的中印学会由泰戈尔任主席。 10月携建设中国学院计划回国，向蔡元培与戴季陶等人汇报，并积极筹募捐款。 11月30日，三子谭立诞生于上海。
1935年8月	泰戈尔收到南京中印学会寄出的支票三万一千七百卢比。 谭云山在中国买书和募书十一万册开始寄往印度。
1936年	携捐款与捐书回圣地尼克坦受泰戈尔委托建造中国学院。 7月4日，第四个孩子、长女谭文诞生于长沙。
1937年	中国学院建成。4月14日，泰戈尔主持中国学院建立庆典，泰戈尔和谭云山在会上作了热情洋溢的讲话。 谭云山任国际大学中国学院院长开始展开中印学术活动。中国学院全部经费由谭云山向中国筹集。 11月23日，尼赫鲁写信给谭云山告知国大党开始抵制日货。 出版英文著作两种：《印度与中国的文化交流》（Cultural Interchange Between India and China）和《今日中国的佛教》（Buddhism in China Today）。

1938年	4月10日，尼赫鲁写信给谭云山要他把印度全力支持中国抗战的信息转告中国人民。 4月12日，泰戈尔致书蒋介石交给谭云山转交。 4月23日，国大党主席鲍斯写信给谭云山转告国大党支持中国抗战的决议。 6月，日本对长沙平民狂轰滥炸时向谭家在北门外新建的小楼丢下一枚炸弹，在偏离房屋20公尺左右的田中爆炸，房屋门窗都被震动破坏，夫人陈乃蔚和四个孩子受到惊吓。谭云山接到电报后就赶忙回国，一方面向国民政府领导人汇报，另一方面安排家小从长沙向湘西安全地带撤退。 7月9日，在汉口向蒋介石委员长递交泰戈尔信，报告印度各界支持中国抗战。 7月14日，蒋介石从汉口寄信给泰戈尔感激他对中国抗战的支持。 8月，谭云山把夫人陈乃蔚和四个孩子送到湘乡谷水白鹭湾著名教育家罗輈重办的陶龛学校，然后返回印度圣地尼克坦。 出版英文著作《中国的宗教是什么》（What is Chinese Religion）。
1939年	回国把夫人陈乃蔚及第三个孩子谭立和第四个孩子谭文接到印度圣地尼克坦（第一个孩子谭中和第二个孩子谭正留在国内念书，托罗輈重先生照管）。 安排尼赫鲁访华。 8月18日，把尼赫鲁抵渝日期电告重庆。
1940年	促成中国政府考试院院长戴季陶访印，并安排与陪同戴季陶拜见圣雄甘地。 促成并安排由太虚法师率领的中国佛教代表团访问印度。 8月5日，第五个孩子、次女谭元诞生于圣地尼克坦，泰戈尔为她取名"Chameli/嘉美丽"（"茉莉花"的意思）。

1942年	2月中国元首，盟军东战场总司令蒋介石夫妇访问印度，蒋介石夫妇参观中国学院并捐款扩建。谭云山安排尼赫鲁在圣地尼克坦和蒋氏夫妇会面，两位领袖从专列火车一直到加尔各答亲切会谈。会谈的结果是"圣雄"甘地写信给蒋介石保证在反英群众运动中不损害中国的抗日大业。 4月3日，第六个孩子、四子谭吉（印度名字"Aujit"）诞生于圣地尼克坦。 出版英文著作三种：《印度对中国文化的贡献》（India's Contribution to Chinese Culture）、《印度的中国研究》（Chinese Studies in India）、《我献身给师尊泰戈尔》（My Dedication to Gurudeva Tagore）。
1943年	8月6日，第七个孩子、五子谭同（印度名字"Arjun"）诞生于圣地尼克坦。
1944年	出版英文著作三种：《国际大学中国学院》（The Visva-Bharati Cheena-Bhavana）、《现代中国》（Modern China）、《中国、印度与第二次世界大战》（China, India and the War）。
1945年	抗战胜利，谭云山回中国接受胜利勋章。
1947年	8月，携夫人陈乃蔚、小女谭元和满崽谭同回国，在湖南长沙创办大同学校。
1948年	回圣地尼克坦继续工作，被中国政府任命为"文化专员"。 8月26日，尼赫鲁总理写信给谭云山，祝贺他担任中国"文化专员"。
1949年	5月，谭云山回中国把夫人和三个孩子谭元、谭吉（曾经送给好友丘太太，丘太太逝世后又接回家）和谭同接回印度。 出版英文著作三种：《印度与中国文化的精神》（The Spirit of Indian and Chinese Cultures）、《世界大同与亚洲联合》（Great World Union and Union of Asia）、《中印文化的"不害"精神》（Ahimsa in Sino-Indian Culture）。
1950年	1月26日，应邀参加新德里印度共和国开国大典。29日在总统府拜谒普拉萨德总统。 写信给故人毛泽东主席，提出三点建议：（一）不要"一边倒"，（二）加强中印友好合作，（三）和平解决国共问题。 出版英文著作两种：《中印关系》（Sino-Indian Relationship）、《通往和平之道》（Ways to Peace）。

1952年	出版英文著作:《中国语文及文学的历史》(The History of Chinese Language and Literature)。
1956年	应国务院邀请回中国观光,在北京与毛泽东主席、周恩来总理长谈。周总理接受谭云山建议访问国际大学并接受名誉学位。
1957年	1月,周恩来到圣地尼克坦接受国际大学荣誉学位,参观中国学院并捐款。 出版英文著作两种:《觉醒:圣哲奥罗宾多对世界的启示》(Awakening of Consciousness: Sri Aurobinto's Message to the World)、《国际大学中国学院二十周年》(Twenty Years of Visva-Bharati Cheena-Bhavana)。
1958年	2月20日,谭云山和夫人在新德里拜会普拉萨德总统。
1959年	9月5日,谭云山再度拜会普拉萨德总统讨论中印关系。 9-12月应中国政府邀请回国观光,周恩来总理在北京数度接见讨论中印关系。
1960年	尼赫鲁总理在新德里国会办公室接见谭云山并讨论中印关系,印度外交部副部长钱达在座。
1962年	12月24日,尼赫鲁总理在圣地尼克坦国际大学年会上演说,称赞国际大学有中国学院和谭云山这样的学者,宣布印度"在过去与现在都不会与中国文化、与中国的伟大为敌。"
1967年	谭云山从国际大学退休、仍住中国学院。
1973年	开始筹建世界佛学苑,到香港、新加坡募款。
1979年	12月,接受国际大学最高荣誉学位。
1980年	3月4日,夫人陈乃蔚逝世于圣地尼克坦。
1983年	2月12日,谭云山逝世于菩提伽耶中华佛寺。 2月22日,印度总理英迪拉·甘地夫人吊唁说:"谭云山是伟大的学者,是崇高的文化人,""对增进印度和中国两大文明之间的了解作了巨大的贡献。"